# 1000 Freizeittipps
# SAARLAND

## Ausflugsziele · Sehenswürdigkeiten
## Sport · Kultur · Veranstaltungen

## Günther Klahm

Wartberg Verlag

**Anmerkung des Verlages**

Die im nachfolgenden Text verwendeten Symbole haben folgende Bedeutung:
☏ = Telefon, ✉ = E-Mail-Adresse, 🌐 = Internet-Adresse,
☺ = Attraktionen für Kinder und Junggebliebene

Alle Angaben wurden gewissenhaft geprüft, trotzdem können Autor
und Verlag keine Gewähr für die Richtigkeit übernehmen. Anregungen,
Berichtigungen und Ergänzungsvorschläge senden Sie bitte an den
Wartberg-Verlag, Gudensberg-Gleichen.

**Bildnachweis**: Alle Fotos von Günther Klahm.
Wir danken allen Lizenzträgern für die freundliche Abdruckgenehmi-
gung. In Fällen, in denen es nicht gelang, Rechtsinhaber an Abbildun-
gen zu ermitteln, bleiben Honoraransprüche gewahrt.

1. Auflage 2018
Alle Rechte vorbehalten, auch die des auszugsweisen Nachdrucks
und der fotomechanischen Wiedergabe.
Layout: Grafik&Design Ulrich Weiß, Extertal
Karte: KGS Kartographie und Grafik Schlaich, Geislingen
Drucken und Binden: Druck- und Verlagshaus Thiele & Schwarz GmbH, Kassel
©Wartberg-Verlag GmbH
34281 Gudensberg-Gleichen, Im Wiesental 1
Telefon (0 56 03) 9 30 50
www.wartberg-verlag.de
ISBN: 978-3-8313-2898-7

# Einladung zur Entdeckungsreise

Kein anderes Flächenbundesland Deutschlands weist auf rund 2568 Quadratkilometern eine solche Vielfalt auf wie das Saarland. Das gilt auch und im Besonderen für den Freizeitbereich. Außer Aktivitäten am und im Meer sowie im Hochgebirge ist alles möglich und vorhanden.
Gaulandschaften mit ihren sanften Hügeln und Streuobstwiesen, Bach- und Flusstäler sowie ausgedehnte Mittelgebirgswälder umrahmen das Ballungsgebiet zwischen Dillingen, Neunkirchen, Homburg und Saarbrücken. Und selbst dieses ehemalige Bergbau- und Eisenhüttengebiet punktet heute mit seiner Vergangenheit. Bekannte Beispiele hierfür sind die alte Völklinger Hütte, die von der UNESCO zum Weltkulturerbe erklärt wurde, das Hüttenareal Neunkirchen, Berghalden, die bestiegen und auf denen Almfeste gefeiert werden sowie ehemalige Bergwerke in Bexbach, St. Ingbert und Velsen, die heute Besuchern offenstehen.
Das Saarland steht zu seiner Geschichte. Angefangen von dem ersten Faustkeil vor rund 200 000 Jahren, über die Kelten- und Römerzeit, der fränkischen Landnahme, durchs Mittelalter bis hin zur Neuzeit und seiner besonderen Beziehung zum Nachbarn Frankreich. Geschichtlich und kulturell Interessierte finden hier ebenso ihr Betätigungsfeld wie Sportler und solche, die in der Natur ihre Ruhe suchen.

Das Saarland punktet nicht nur mit vielen natürlichen, geschichtlichen und kulturellen Sehenswürdigkeiten, es lädt auch Einheimische wie Gäste zum Wandern, Rad fahren, zu Schiffsfahrten auf der Saar oder Fahrten mit Museumsbahnen ein. Mehr noch: Es bietet eine große Fülle von Möglichkeiten, in den Städten und Gemeinden seine Freizeit sinnvoll auszufüllen: Von Angeln über Besuche in Museen, Wildparks und Zoos, Boot fahren, Klettern, Mountain biken bis hin zu Nordic Walken, Reiten oder Schwimmen, für jeden und jede und jedes Alter und zu jeder Jahreszeit ist etwas dabei. Langeweile muss im Saarland nicht aufkommen!
Der vorliegende Freizeitführer stellt alphabetisch jede Stadt und Gemeinde des Saarlandes mit ihren Sehenswürdigkeiten und Freizeitmöglichkeiten vor. Als Quellen dienten u. a. die in den Texten angegebenen Internetseiten der Städte (Gemeinden, Anbieter und Betreiber mit den Angaben zum Zeitpunkt der Manuskripterfassung im 1. Halbjahr 2017). Damit das Buch handlich bleibt, sind alle Angaben gestrafft worden. Aber sie beinhalten, wo nötig und möglich, Adressen und im Zeitalter des Smartphones Telefonnummer und Internetadresse. Bei aller Sorgfalt während der Recherche können Autor und Verlag nicht ausschließen, dass sich nach der Veröffentlichung des Buches Änderungen

ergeben. Daher wird im Zweifelsfalle zu einer Klärung durch Anruf oder Nachschlagen auf der Website geraten.

Ein herzliches Dankeschön geht an die Stadt- und Gemeindeverwaltungen für ihre Anregungen und Informationen sowie für das Gegenlesen der Manuskripte.

Die Saarländer feiern gerne. In jedem Ort gibt es daher Kirmes, Stadt- und Dorffeste oder Weihnachtsmärkte, manchmal sogar mehrere. Ohne die Arbeit der Betreiber in Abrede stellen zu wollen, werden in diesem Freizeitführer nur die großen und überörtlichen erwähnt. Autor und Verlag bitten dafür um Verständnis. Veranstaltungen und Feste werden auf den Internetseiten der Kommunen bekannt gegeben.

Für die auswärtigen Gäste: Die Saarländer sind offene, liebenswerte Menschen. Wer zu ihnen kommt und sie auch in ihrer rhein- und moselfränkischen Mundart akzeptiert, der fühlt sich sehr schnell „dehemm" (daheim), schätzt ihre kulinarischen Spezialitäten wie den Lyoner (Fleischwurst), Schwenkbraten sowie Dibbellabbes (Kartoffelgericht) und weiß das „Sa(a)rvoir vivre" und die Vielfalt an Freizeitmöglichkeiten wohl zu schätzen: „Lääwe unn läwwe losse – Leben und leben lassen!", sagt man hier. Und nun auf zur Erkundung dieses kleinen, aber vielfältigen Bundeslandes.

Viel Freude dabei wünscht
Günther Klahm

# Beckingen

**(Kreis Merzig-Wadern)**

Neun Ortsteile im Haustadter Tal rechts der unteren Saar bilden die Gemeinde Beckingen, die rund 17 000 Einwohner zählt. Grabfunde und Hügelgräber belegen, dass das heutige Gemeindegebiet schon ab der Bronzezeit besiedelt war. Auch die Kelten und Römer hinterließen ihre Spuren. Von 1293 bis 1793 herrschte hier der Deutschherrenorden. Heute punktet Beckingen neben der Geschichte mit seiner ansprechenden Landschaft in ruhiger Lage, ist aber verkehrsmäßig gut an die benachbarten Zentren angebunden.

**Tourismusbüro
Gemeinde Beckingen
Bergstr. 48
66701 Beckingen**
📞 **06835/55105**
🌐 **www.beckingen.de**

## Sehenswertes

### ▶ Marcelluskapelle
Die Marcelluskapelle ist ein Zeugnis des Deutschherrenordens und wurde 1634 im Stil der Spätrenaissance erbaut. Die Marcellusfigur trägt die Inschrift des Erbauungsjahres, der Altar stammt aus dem Jahr 1684, die Glocken dagegen sind schon älter (1388). Beichtstuhl, Kelch und Armleuchter werden dem 18. Jahrhundert zugeordnet. Bei Umbauarbeiten 1914/1915 erhielt die Kapelle ihr heutiges gotisches Aussehen.

### ▶ Luziakapelle Erbringen
Die Luziakapelle Erbringen erhebt sich auf einer Anhöhe über dem gleichnamigen Ortsteil. Sie stammt aus dem 11. Jahrhundert. Ihre Namensgeberin wird als die Beschützerin des Haustadter Tales verehrt.

### ▶ Pfarrkirche Haustadt
Sie fällt schon von Weitem durch ihre Zwiebeltürme auf. Die Haustadter nennen sie auch „Tal-Dom". Umgeben ist die Kirche von zahlreichen Häusern mit Sandsteingewänden, die von der Handwerkstradition und dem reichen Sandsteinvorkommen des Orts zeugen.

*Die Pfarrkirche Haustadt fällt schon von Weitem durch ihre Zwiebeltürme auf.*

*Der historische Bahnhof gleicht einer Burganlage mit Zinnen im englischen Tudorstil.*

### ▸ Felsenkeller in Honzrath

Vor etwa 150 bis 200 Jahren wurden bei Honzrath Felsenkeller in den Buntsandstein gehauen. Sie dienten als Lagerräume für Feldfrüchte, als Unterstand für das Weidevieh sowie während des Zweiten Weltkrieges als Luftschutzkeller. Von den etwa 100 Kellern wurden einige renoviert. Vor den Felsenkellern steht eine Kapelle, die 1569 erstmals urkundlich erwähnt wurde und der Katharina von Alexandrien geweiht ist.

### ▸ Bahnhof Beckingen

Er gleicht mehr einer mittelalterlichen Burganlage mit Zinnen im englischen Tu-dorstil, aber er ist tatsächlich der Bahnhof von Beckingen. Zwischen 1860 und 1944 galt er als der schönste Bahnhof auf der Strecke zwischen Saarbrücken und Trier. Heute steht er unter Denkmalschutz.

### ▸ Saargarten

Der Saargarten zwischen Bahnhof und der Saar ist eine Parkanlage mit Skulpturen sowie mit Sport- und Spielmöglichkeiten z. B. Fußballgolf (🌐 www.fußballgolf.de), lädt aber auch zum Spazierengehen auf Natursteinreihen ein.

### ▶ Historisches Kupferbergwerk Düppenweiler

Der Kupferbergbau in Düppenweiler geht bis ins 12. Jahrhundert zurück. Es entstand ein Bergwerk, das 1916 stillgelegt wurde und heute in Teilen besucht werden kann. Auf die Besucher warten 600 Meter Stollen, vier Schächte mit Tiefen zwischen 10 und 18 Metern. Während der Führungen erfahren sie nicht nur Wissenswertes über die Arbeit der Bergleute, sondern mit der Licht- und Tonistallation „Mystallica" auch Geräusche, Musik- und Lichtspiele. Dazu erleben sie einen unterirdischen See und einen Maschinenschacht. Über Tage können das Pochwerk, die Schmelzhütte und die Maschinenanlage besichtigt werden.

**Adresse:** Piesbacher Str. 67, 66701 Beckingen-Düppenweiler
📞 06832/800011 oder 06835/55105
Öffnungszeiten: Mitte März–Mitte Januar, Fr, Sa und So und an allen Feiertagen außer Weihnachten und Silvester 14.00–18.00 Uhr und nach Vereinbarung
Führungszeiten: 14.00 Uhr, 15.00 Uhr und 16.30 Uhr

*Das historische Kupferbergwerk Düppenweiler kann auch untertage besichtigt werden.*

## Freizeit und Natur

### ▶ Wandern

Die Gemeinde Beckingen liegt im Naturpark Saar-Hunsrück und verfügt daher über eine Reihe von interessanten Wanderwegen. Der 12 km lange Panorama-Höhenweg führt durch Streuobstwiesen und das Naturschutzgebiet „Wolferskopf". Mit seinen 337 Hektar ist es eines der größten im Saarland, in dem 450 Pflanzenarten, darunter 30 Orchideenarten und über 60 Vogelarten leben. Von Saarfels bis nach Hargarten macht der Weg mit zahlreichen Panoramaaussichten seinem Namen alle Ehre. Hinzu kommen die 137 historischen Grenzsteine, die einst die Grenze zwischen Kurtrier und Frankreich markierten. Führungen sind möglich.
📞 06835/500756 oder 0681/954159

17,5 km lang ist der Litermont-Sagenweg, der an sagenhaften Stätten und Aussichts-

punkten vorbeiführt. Tafeln entlang des Weges informieren über die Sagen des Litermont-Berges. Neu ist die Traumschleife Beckinger Saarblicke, die über 14 km Aussichten ins Saartal bietet und geografische Besonderheiten wie Sandstein- und Kalkbrüche mit Kalkofen aufweist. Dieser Weg führt auch durch das Naturschutzgebiet „Wolferskopf", den Saargarten und die Saaraue mit Altarm.
Wanderkarte unter ⊕ www.beckingen.de Barrierefreies Wandern ist auf dem Buchwaldweg Beckingen möglich. Informationen unter
⊕ www.barrierefreies-wandern.de

#### ▶ Rad fahren

Der neue Saar-Lückner-Runde verbindet die überregionalen Radwege Saar-Bostal- und Saar-Radweg. Die Strecke weist wenige Steigungen auf, dafür aber Rastplätze, Spielplätze, Weiher und Wassertretbecken. Gerne geradelt wird auch auf der Haustadter-Tal-Runde.

#### ▶ Weitere Freizeitmöglichkeiten

**Reiten:** Informationen unter
⊕ www.ruf-beckingen.de
Reit- und Fahrverein Honzrath:
📞 06835/68822
Arabergestüt „Schlenderhannes" in Düppenweiler, 📞 0177/7014545

Minigolf im Sport-, Spiel und Freizeitzentrum Honzrath, 📞 06835/55105

Angeln in der Saar oder in Vereinsgewässern: 📞 06835/55105

# Bexbach

### (Kreis Saarpfalz)

Die Stadt Bexbach erstreckt sich mit ihren sechs Stadtteilen zwischen der Blies und dem 518 m hohen Höcherberg. Sie zählt rund 18.000 Einwohner. Erstmals urkundlich erwähnt wurde sie 1219, als hier die Ritter von Beckensbach siedelten. Seinen Aufstieg verdankt Bexbach dem Eisenerz und vor allem der Steinkohle, die hier gefördert wurden. Gerade wegen des Steinkohlenbergbaus erhielt die heutige Stadt mit der Eröffnung der Eisenbahnlinie von Ludwigshafen am Rhein nach eben Bexbach den ersten Bahnhof im heutigen Saarland. 1959 wurden die beiden Gruben in Bexbach und im Stadtteil Frankenholz stillgelegt.

**Stadt Bexbach**
**Rathausstr. 68**
**66450 Bexbach**
📞 **06826/529-0**
⊕ **www.bexbach.de**

## Sehenswertes

#### ▶ Blumengarten

Weithin bekannt ist Bexbach durch seinen großen Blumengarten mit vielen Pflanzenarten, darunter auch exotische. Blumenmeere werden von Bäumen gesäumt. Dazu gibt es einen Seerosenteich sowie einen Gewürz- und Gemüsegarten. Der weiträumige Blumengarten lädt zum Spaziergehen und zur Erholung und das Blumengartenrestaurant zur Einkehr ein. Im Musikpavillon finden während der

Sommermonate Konzerte statt. Auf dem Gelände des Blumengartens erhebt sich weithin sichtbar der 40 m hohe

### ▸ Hindenburgturm

Er wurde Anfang der 30er-Jahre des letzten Jahrhunderts errichtet, um die Wasserversorgung Bexbachs sicherzustellen. Der Wasserhochbehälter umfasste 200 m³. Heute ist in dem Turm das

### ▸ Saarländische Bergbaumuseum

untergebracht. Die Besichtigung beginnt im 7. Stock und führt dann abwärts bis unter Tage. Vom 7. Stock genießt man einen Panoramablick über Bexbach, die Bliessaue, Neunkirchen, zum Höcherberg, Homburg

bis ins Pfälzer Land. Fast zum Greifen nahe ist der „Monte Barbara", der ehemalige Haldenberg der Grube Frankenholz, auf dem sich eine Statue der heiligen Barbara, der Schutzpatronin der Bergleute, erhebt. Stockwerk für Stockwerk geht es dann abwärts, wo in den einzelnen Etagen Geschichte, Technik und Sicherheit des Bergbaus sowie das Leben der Bergleute dargestellt wird. Bevor es untertage geht, wird man mit Schutzhelmen und Kopfleuchten, Fahrjacken oder Fahrmänteln eingekleidet. Mit dem Bergmannsgruß „Glück auf!" geht es unter die Erde, wo man in den Stollen den Bergbau kennenlernt. Der Stollenmund führt direkt in den Blumengarten.

*Das Grubenmuseum vor, im und unter dem Hindenburgturm zeugt von der Bergbaugeschichte Bexbachs.*

**Adresse:** Niederbexbacher Str.,
66450 Bexbach
📞 06826/4887
🌐 www.saarl-bergbaumuseum-bexbach.de
Öffnungszeiten März–30. Sept: Mo–Fr
9.00–17.00 Uhr, Sa, Sonn- und Feiertage
10.00–18.00 Uhr;
Öffnungszeiten Okt–Feb: Mo–Fr 9.00–
16.00 Uhr, Sa, So, feiertags 13.00–17.00 Uhr
Führungen sind nach Voranmeldung möglich.

▶ **Bahnhof Bexbach**
Nach seiner Eröffnung wurde das Bahnhofsgebäude mehrfach umgebaut und
erweitert, 1872 wurde es zweistöckig,
1896 folgten zwei einstöckige Anbauten. Die Güterabfertigung wurde bereits
1872/1873 errichtet.
Der Bexbacher Bahnhof war auch als Ver-
ladestation in die militärische Strategie
einbezogen. Eine große Verladerampe
wurde gebaut, in den 20er-Jahren dann im
Bahnhofsgebäude eine Gastwirtschaft eingerichtet. Das Gebäude wurde zwischenzeitlich immer wieder renoviert und steht
mittlerweile unter Denkmalschutz.

▶ **Höcher Turm**
Der Höcherberg ist seit jeher ein Knoten-
punkt aller überregionalen Wanderwege.
Die Wanderer finden Einkehr im „Höcher-
berghaus am Turm", das im Besitz des
Pfälzerwaldvereins Höchen ist. Sie können
hier auch in Mehrbett- sowie Familienzim-
mern kostengünstig übernachten.
Der Grundstein des Höcher Turmes wurde
im Jahr 1913 gelegt. Der Aussichtsturm
hat eine Höhe von 26 m. Von hier aus kann
man einen herrlichen Rundumblick auf das
Umland genießen, bei gutem Wetter sogar

*Der Höcher Berg mit seinem Turm ist ein
beliebtes Naherholungsziel.*

bis Frankreich schauen. Eine Informations-
tafel hilft den Besuchern bei der Orientie-
rung.
Am Fuße des Turmes gibt es einen attrak-
tiven Kinderspielplatz mit ausschließlich
naturbelassenen Holzspielgeräten und
eine Holzkundestation.
Informationstafeln weisen Wanderern und
Radfahrern die ausgeschilderten Wege in
die nähere und fernere Umgebung.

## Freizeit und Natur

▶ **Wandern und Rad fahren**
Die „historischen Grubenwege" führen den Wanderer durch Mischwälder

*Ländliche Idylle um den Stadtteil Niederbexbach.*

zwischen Bexbach und Wellesweiler und zwischen Frankenholz, Höchen und Waldmohr. Stumme Zeugen am Wegrand erinnern ihn an die Bergbauzeit.
Zehn Wege mit einer Gesamtlänge von fast 38 km weist die Übersichtskarte aus, die die Stadt Bexbach anbietet (siehe: www.bexbach.de/rund-wanderwege), darunter zum Höcher Turm, zum Frankenbrunnen, zur Holzau oder zur Hochwiesmühle. Diese Wege können auch in Etappen erwandert werden, um die einzelnen Stadtteile kennenzulernen.
Bexbach hat auch Anteil am Höcherbergweg, dem Saarland-Rundwanderweg sowie am Saarland-Radweg und dem Saar-Nahe-Höhen-Radweg. Es besteht die Möglichkeit, auf diesen Wegen von Bexbach bis nach Ludwigshafen oder an den Bostalsee bzw. umgekehrt bis an die Saar bei Güdingen zu radeln.

▸ **Weitere Angebote**
mehrere Tennisplätze, Freibad Hochwiesmühle, Sportflugplatz

▸ **Besondere Veranstaltungen**
Messe „Freizeit-Camping-Automobil" im April/Mai: ⊕ www.messe-bexbach.de

# Blieskastel

**(Kreis Saarpfalz)**

Blieskastel ist der Hauptort der Biosphäre Bliesgau. Das Stadtgebiet wird von der Blies durchflossen und vereint 15 Stadtteile auf einer Fläche von rund 108 km². Blieskastel ist somit flächenmäßig etwas größer als Paris, hat aber nur rund 21 000 Einwohner. Etwa 60 Prozent der Fläche werden landwirtschaftlich genutzt, 27 Prozent sind Wald, und nur etwas mehr als sieben Prozent sind besiedelt. Erstmals urkundlich erwähnt wurde Blieskastel 1096, auch wenn die Gegend schon seit Jahrtausenden besiedelt war. Einen großen Aufschwung erfuhr die heutige Stadt, als die Reichsgrafen von der Leyen 1773 ihren Sitz von Koblenz hierher verlegten. Zur bedeutendsten Person stieg die Reichsgräfin Marianne von der Leyen auf, die ab 1775 Blieskastel zu einer schmucken Barockstadt ausbauen ließ und die Ansiedlung einer Hut-, Porzellan- und Stubenofenfabrik förderte. Auch im heutigen Stadtteil Niederwürzbach entstanden barocke Bauten. 1703 wurde Blieskastel von französischen Revolutionstruppen erobert, die das Schloss zerstörten. Der heutige Gebietszuschnitt besteht seit 1974. Seit 1978 ist Blieskastel auch anerkannter Kurort.

**Tourist-Info Blieskastel**
**Rathaus III**
**Luitpoldstr. 5**
**66440 Blieskastel**
📞 **06842/9261314**
🌐 **www.blieskastel.de**

## Sehenswertes

Der historische Stadtkern von Blieskastel ist durch seine barocken Bauten geprägt. Mittelpunkt ist der Paradeplatz, auf dem schon zur Zeit der Grafen von der Leyen Märkte und Aufmärsche der Garden stattgefunden haben. Seiner repräsentativen Aufgabe entsprechend wurde er sorgfältig architektonisch gestaltet. Regelmäßig finden dort auch heute noch der Wochenmarkt sowie Altstadtfest, Mondscheinmärkte, Christkindmarkt, Blumenmarkt usw. statt. 1774/75 ließ Graf Franz Carl von der Leyen im Osten des Platzes ein Waisenhaus, das heutige Rathaus, errichten. Besonders eindrucksvoll ist die südliche Fassade.

Die Blieskasteler Altstadt steht seit 1986 komplett unter Denkmalschutz. Sie umfasst 154 Einzeldenkmäler, die seither durch beträchtliche öffentliche und private Investitionen einladend gestaltet wurden. Zahlreiche Häuser wurden durch ihre Besitzer liebevoll und aufwändig restauriert, malerische Innenhöfe in der Altstadt mit ihren verwinkelten Gassen laden zum Bummeln in der gemütlichen Fußgängerzone mit gepflegter Gastronomie, kleinen Geschäften und Boutiquen ein.

Auch befindet sich in der Altstadt einer der bedeutendsten Brunnen der Stadt, der Herkulesbrunnen aus dem Jahre 1691. Er ist der älteste Brunnen, der in Blieskastel noch erhalten geblieben ist. Im Laufe der Jahrhunderte wurde er mehrfach erneuert. Der Napoleons- oder Schlangenbrunnen wurde 1804 zu Ehren des französischen Kaisers Napoleon errichtet. Weitere große Gebäude im Stadtkern sind das Geburtshaus von Kardinal Wendel mit dem Müh-

leneck und der Gerbergasse, der Blieskasteler Hof und das ehemalige Rentamt.
Barocke Beamtenhäuser, heute Teil des
Von-der-Leyen-Gymnasiums, führen den
Schlossberg hoch zur Schlosskirche. Sie
wurde 1778 eingeweiht. Hier haben auch
die Reichsgräfin Marianne von der Leyen
und ihr Mann, Reichsgraf Franz Carl, ihre
letzte Ruhestätte gefunden.
Nur wenige Meter unterhalb der Schlosskirche befindet sich die Orangerie, auch
der „Lange Bau" genannt. Das Renais-
sance-Bauwerk aus dem Jahr 1670 war
einst Teil der Schlossanlage derer von der
Leyen und bildete den Abschluss des sogenannten „Lustgartens". In den 1980er-Jah-
ren wurden der Garten und die Orangerie
wieder hergerichtet. Heute finden in dem
Gebäude Veranstaltungen und Ausstellungen statt.
Führungen durch das barocke Blieskastel kann man unter ☏ 06842/9261314
buchen.

### ▶ Klosteranlage Heilig-Kreuz-Kapelle

Das Wallfahrtskloster mit der Hei-
lig-Kreuz-Kapelle steht auf dem Han, einer
Anhöhe über Blieskastel und entstand
1682/83. In ihr befindet sich das Gnadenbild „Unsere liebe Frau mit den Pfeilen"
aus dem 14. Jahrhundert. Der Überliefe-
rung nach sollen die fünf Pfeile von Frev-
lern in das Vesperbild hinausgeschossen
worden sein. Der Klostergarten lädt zum
Spaziergang und zum Verweilen ein.

### ▶ Gollenstein

Er ist das Wahrzeichen der Stadt Blieskastel – der sieben Meter hohe und auf 5000
Jahre geschätzte Gollenstein, der sich über
einer Anhöhe erhebt. Er gilt als der größte

*Der 7 m hohe und 5000 Jahre alte Gollen-
stein ist der Wahrzeichen der Stadt Blieskastel und der größte Menhir Deutschlands.*

Menhir Deutschlands und diente einst kul-
tischen und religiösen Zwecken. Kurz vor
Ausbruch des Zweiten Weltkrieges wurde
er von deutschen Soldaten umgelegt, um
der französischen Artillerie keinen Richt-
punkt zu bieten. Dabei zerbrach er in vier
Teile. 1951 wurde er wieder zusammenge-
fügt und aufgerichtet.

### ▶ Würzbacher Weiher

Der 130 Hektar große Würzbacher Weiher
mit seinen beiden Armen bestand schon
vor der Herrschaft derer von der Leyen.
Zwei Bauten an seinen Ufern zeugen
davon, dass es auch der Reichsgräfin Marianne von der Leyen dort gut gefiel. Der
Rote Bau, auch „Bon Voisin" genannt, über

*Der Annahof am Niederwürzbacher Weiher sollte der Ruhesitz der Reichsgräfin Marianne von der Leyen werden.*

dem Südufer war ihre Sommerresidenz. Der Annahof oder Runde Bau gegenüber dem Weiher sollte ihr Altersruhesitz werden.

▶ **Stephanus-Kirche Böckweiler**
Im Stadtteil Böckweiler steht eine der ältesten Kirchen des Saarlandes, die romani-

sche Stephanus-Kirche, deren Fundamente bis ins 9. Jahrhundert zurückreichen. Die Kirche gehörte einst zum Kloster Hornbach. Umgeben wird sie von dem uralten Lindenbrunnen und dem Dorfweiher. In der Nähe der Kirche wurden auch die Reste einer römischen Villa ausgegraben. Vermutlich war diese eine Poststation in der Nähe einer damaligen Fernstraße von Dieuze in Lothringen nach Norden, auf der Salz transportiert wurde.

▸ **Protestantische Kirche Blieskastel**
Die neubarocke protestantische Kirche wurde 1911/ 1912 auf der Anhöhe „Auf der Agd" erbaut und somit dem barocken Stadtbild angepasst.

## Museen

▸ **Blieskasteler Uhrenmuseum La Pendule**
Auf 150 m² in fünf Räumen werden 99 Uhren, überwiegend französische Pendeluhren vom Ende des 17. bis ins 19. Jahrhundert, aber auch Exponate aus Deutschland und England, gezeigt. Führungen sind möglich.
**Adresse:** City-Haus, Bliesgaustr. 3, 66440 Blieskastel
📞 06842/9261321
Öffnungszeiten: So 14.00–16.00 Uhr und nach Vereinbarung, Dez. und Jan. geschlossen

## Wandern und Rad fahren

Blieskastel verfügt über eine Vielzahl von landschaftlich abwechslungsreichen Wander- und Radwegen. Neben Themenwanderwegen wie z.B. dem Mariannenweg (22 km) laden auch Zielwanderwege dazu ein, Blieskastel und die Biosphäre Bliesgau kennenzulernen.
Von Wanderern wie von Radfahrern und Skatern gerne genutzt wird der asphaltierte und 15,7 km lange Bliestal-Freizeitweg auf der alten Bahntrasse zwischen Blieskastel und Reinheim, der sich auf der französischen Seite bis Sarreguemines

fortsetzt. Weitere gerne benutzte Wanderwege sind u.a. der Gänseweg (32 km) und die Bliesgau-Tafeltour (16 km). Alle Wege sind gekennzeichnet. Eine geführte Wanderung wird jeden Samstag um 13 Uhr am Haus A der MediClin Bliestal Kliniken angeboten. Sie ist kostenlos und zwischen 10 und 12 km lang. Eine Voranmeldung ist nicht nötig. Zwischendurch kann man in einem Café oder Gasthaus einkehren.
Auch für Radfahrer werden von der Tourist Info Blieskastel geführte Radtouren angeboten. Diese finden immer um 10 Uhr ab dem Paradeplatz in Blieskastel statt und sind ebenfalls kostenlos. Auch hier ist eine vorherige Anmeldung nicht erforderlich. Tourenvorschläge sind u.a. die Adebar-Tour (24 km), die Sieben-Weiher-Tour (29 km), der Glan-Blies-Radweg mit seiner Teilstrecke von Sarreguemines nach Bliesksastel (34 km) oder der Europäische Mühlenradweg (48 km). Es besteht die Möglichkeit, Fahrräder zu leihen und E-Velos kostenlos aufzuladen.
Die Tourist Info Blieskastel hält Informationsmaterial und Karten zu den Wander- und Radwegen bereit.

▸ **Kutschfahrten**
Wer die Bliesgaulandschaft aus einer Pferdekutsche heraus genießen will, ist mit einer Kutschfahrt gut beraten.
**Adresse:** Fuhrhalterey Myndenbach, Breitfurtstr. 47, 66440 Blieskastel-Mimbach
📞 06842/2542
✉ rudolf.hertel@gmx.de

▸ **Weitere Angebote**
Im Freizeitzentrum Blieskastel steht den Wasserfreunden ein kombiniertes Hallen- und Freibad mit großen Rutschen zur Ver-

*Die Orangerie auf dem Schlossberg war einst Teil der Schlossanlage.*

fügung. Mehrere Angelsportvereine bieten Angelmöglichkeiten in ihren Weihern und in der Blies an. Informationen dazu bei der Tourist Info.

## Veranstaltungen und Feste

Einzigartig im Saarland ist das große, mehrtägige Webenheimer Bauernfest, das im Juli auf dem linken Bliesufer im Stadtteil Webenheim stattfindet. Neben Pferdesportveranstaltungen werden Freizeitmöglichkeiten und jede Menge Unterhaltung mit einem großen Abschlussfeuerwerk angeboten.

# Bous

**(Kreis Saarlouis)**

Obwohl schon die Kelten und Römer hier siedelten und der Name „Bous" urkundlich 1136 erstmals erwähnt wurde, ist die Gemeinde einer der jüngsten im Saarland. Sie erlangte nämlich mit der Ausgliede-

rung aus der Großgemeinde Schwalbach am 1. Januar 1982 wieder ihre Selbstständigkeit. Die Geschichte Bous ist eng mit der des gegenüber der Saar gelegenen Klosters Wadgassen verbunden. Heute zählt die Gemeinde rund 7400 Einwohner und legt großen Wert auf ihre hohe Wohn- und Aufenthaltsqualität bei gleichzeitiger sehr guter verkehrsmäßiger Anbindung an die Zentren in Saarlouis, Völklingen und Saarbrücken.

**Gemeinde Bous**
**Saarbrücker Str. 120**
**66359 Bous**
📞 **06834/83-0**
🌐 **www.bous.de**

## Sehenswertes

▸ **Kloster Heiligenborn**
Das ehemalige Kloster Heiligenborn liegt hoch über der Saar. Seine moderne Kirche ist ein weithin sichtbares Zeichen der Gemeinde. Das 2009 geschlossene Kloster wurde zwischen 1949 und 1952 von György Lehocky entworfen und gebaut. Die Innenarbeiten dauerten sogar bis 1960. An der Stelle des Klosters soll sich eine alte, den Vorfahren heilige Quelle befunden haben.

▸ **Altes Forsthaus**
Das ehemalige Forsthaus der Abtei Wadgassen steht in der Saarbrücker Straße, dort wo die Brücke Richtung Wadgassen abzweigt. Es ist eines der wenigen erhaltenen Gebäude aus dieser Zeit.

*Das ehemalige Kloster Heiligenborn steht auf einer Anhöhe über der Gemeinde.*

### ▸ Barockes Steinkreuz
Auch dieses, im Volksmund „Armseelenkreuz" genannt, stammt noch aus der Wadgassener Zeit um 1750 und erhebt sich mit prachtvoller Basis und dem Motiv armer Seelen am Friedhof der Gemeinde.

### ▸ Katholische Pfarrkirche St. Peter
Die Kirche wurde von 1890 bis 1892 nach Plänen des Bouser Architekten Schneider

*Das alte Forsthaus der Abtei Wadgassen.*

im Stil des Historismus erbaut. Über den dreigeschossigen Turm gelangt man in den Saalbau. Der Chor verfügt über fünf Seiten und schließt an die Stirnseite an. Die beiden niedrigen Seitenschiffe sind mit Korbbögen vom Mittelschiff getrennt.

## Freizeit und Natur

### ▸ Wandern
Die Gemeinde verfügt über einen Rundwanderweg. Das Bommersbachtal dient der Naherholung. Dort gibt es auch einen Angelweiher und eine Kneipp-Anlage.

### ▸ Indoor-Kartbahn
Für Junge und Junggebliebene gibt es eine 400 m lange Indoor-Kartbahn mit benzinbetriebenen Fahrzeugen.
**Adresse:** Saarstr. 1, 66359 Bous
📞 06834/70705
🌐 www.kartbahn-bous.de
Öffnungszeiten: So–Do 15.00–23.00 Uhr, Fr und Sa 15.00–24.00 Uhr. Für Kinder: Sa 13.00–15.00 und Mi 15.00–17.00 Uhr

### ▸ Tennisplätze, Skateranlage (Auf der Mühlenscheib am Sportplatz)

## Besondere Veranstaltungen

Alle zwei Jahre findet die Bouser Maisause, ein großes Bobbycar- und Seifenkistenrennen, statt.

# Dillingen

**(Kreis Saarlouis)**

Die Stadt Dillingen liegt an der Mündung der Prims in die Saar. Sie besteht aus drei Stadtteilen und zählt rund 21.000 Einwohner. Vor gut 2000 Jahren siedelten sich im heutigen Stadtteil Pachten die Römer an. Dort kreuzten sich die Fernstraßen von Metz nach Mainz sowie von Trier nach Straßburg. „Contiomagnus" hieß die Siedlung, die jedoch mit dem Einfall germanischer Stämme vom 3. bis zum 5. Jahrhundert nach Christus mehrfach zerstört wurde. Erst ab dem 10. Jahrhundert gibt es wieder schriftliche Quellen. 1685, das Gebiet um Dillingen gehörte damals zu Frankreich, erlaubte der Sonnenkönig Louis XIV. dem Besitzer des Schlosses und der Herrschaft Dillingen, Marquis Henry Gaspard, den Bau und Betrieb einer Eisenhütte mit Stahlwerk und Schmelze. Daraus entwickelte sich die Dillinger Hütte, die einzige, die im Saarland heute noch in Betrieb ist. Mit der Kanalisierung der Saar zur Mosel hin in den 1980er-Jahren erhielt die Stadt auch den größten Hafen im Saarland. Dort werden Massengüter wie Kohle und Eisenerz gelöscht bzw. Stahlprodukte verladen.

**Stadt Dillingen/Saar**
**Merziger Str. 51**
**66763 Dillingen**
☎ **06831/709212**
🌐 **www.dillingen-saar.de**

## Sehenswertes

▸ **Altes Schloss und Dillinger Hütte**
Auf dem Gelände der Dillinger Hütte befinden sich die Reste des Alten Schlosses, dessen Fundamente auf eine polygonale Wasserburg aus dem 13. Jahrhundert zurückgehen. Im 18. Jahrhundert wurde es umgebaut und sollte als barocke Residenz für die zweite Frau des Fürsten von Nassau-Saarbrücken dienen. Nach der Französischen Revolution kaufte die Dillinger Hütte das Schloss und richtete darin Wohnungen für ihre Bediensteten ein. Im Zweiten Weltkrieg wurde es zerstört. In einem wiederaufgebauten Flügel des Schlosses bieten anspruchsvolle Räume Platz für Ausstellungen, Konzerte und Vorträge. Im Erdgeschoss dient ein Raum, der im Stil Louis XVI. eingerichtet ist, als Trauzimmer.

▸ **Römerpark und Museum**
Römische Relikte aus dem „Vicus Contiomagnus" und der gesamten Region sind in Museum Pachten zu sehen. Im Römerpark wurde ein Kastellturm nachgebaut Das Museum Pachten ist in einem ehemaligen, für die Region typischen Bauernhaus in der Fischerstraße, einer der ältesten Straßen im Dillinger Stadtteil Pachten, untergebracht.
Beim Rundgang wird der Besucher durch die Steinzeit, die Bronzezeit und die Eisenzeit geführt, bevor er zum Schwerpunkt, der gallorömischen Zeit, gelangt. Werkzeuge, Keramik und Schmuck aus der ältesten Vergangenheit dokumentieren Alltagsleben und Glauben vor der römischen Zeit. Über zwei Etagen beschäftigt sich das Museum mit Themen wie Siedlungs-

*Der Dillinger Hafen mit der letzten Eisenhütte im Hintergrund ist der größte im Saarland.*

geschichte, Landwirtschaft, Alltagsleben, Wohnkultur, Bestattungssitten, Geldverkehr, Götterhimmel, Handwerk und vielen weiteren anhand von Originalfunden. Unzählige Keramikobjekte, Werkzeuge, Münzen und Kleinstatuetten erzählen vom Leben in gallorömischer Zeit. Mit dabei sind auch Besonderheiten wie Spielzeugtiere, Saugflaschen für Kleinkinder oder Falschmünzen. Einige Modelle veranschaulichen ausgewählte Aspekte wie Fußbodenheizungen, Umgangstempel und das spätrömische Kastell. Der Rundgang endet chronologisch bei den Merowingern und räumlich in einem Dunkelraum mit Bestattungen aus der römischen und fränkischen Zeit.
Ergänzt wird der Museumsrundgang durch einen Exkurs in die Geschichte des Hauses:

Ein ca. 100 Jahre altes Schlafzimmer aus dem ehemaligen Bauernhaus.
In einer Galerie über der ehemaligen Scheune werden Sonderausstellungen gezeigt. Im Keller des Hauses ist eine Fossilien- und Mineraliensammlung zu sehen.

**Adresse:** Fischerstr., 66763 Dillingen-Pachten
📞 06831/709212
Öffnungszeiten: So 15.00–18.00 Uhr und für Gruppen nach Vereinbarung, für Schul- und Kindergruppen besteht das Angebot eines Museums-Quiz.

▶ **Saardom**
Die Kirche „Hl. Sakrament" trägt als größte katholische Kirche im Saarland den Namen „Saardom". Die Kirche wurde von 1910 bis

*Die Kirche „Hl. Sakrament" ist die größte katholische Kirche im Saarland und wird auch „Saardom" genannt.*

1913 gebaut, da die bisherige Pfarrkirche für die stark wachsende Gemeinde Dillingen zu klein geworden war.
Der aus Trier stammende Architekt Peter Marx entwarf die Kirche im neuromanischen Stil in graurotem Sandstein. Der Grundriss beschreibt ein lateinisches Kreuz mit einem Mittelschiff, zwei Seitenschiffen und einem Querschiff. Die beiden Türme am Eingangsportal sind unterschiedlich hoch und prägen das Stadtbild. Die Kapitelle im Chor zeigen die vier Evangelisten und die sechs Sakramente. Die Verglasung der Fenster stammt aus der Nachkriegszeit und wurde zum Teil von Dillinger Familien gestiftet. Zum Kircheninventar gehört ein Triptychon eines niederländischen Meisters aus dem 16. Jahrhundert mit Motiven

der Geburt Christi, das nur zu besonderen Anlässen ausgestellt wird. Aus Vorgängerbauten stammen drei Heiligenstatuen (Lucia, Odilia und die Gekrönte Madonna) des 18. Jahrhunderts.
Seit 1996 erklingt im Saardom zu Messen und Konzerten die sogenannte Gürzenich-Orgel aus dem bekannten Kölner Konzert- und Festsaal.
Vor dem Saardom, auf dem Weinligplatz, steht eine Bronzestatue der Hl. Odilie des Bildhauers Lothar Messner.

### ▶ Pfarrkirche St. Johann
Sie ist die älteste Pfarrkirche Dillingens und wurde 1844/1845 über einer ehemaligen Odilienkirche aus dem 15. Jahrhundert im neuromanischen Stil erbaut. Im Innern sind eine Madonna (um 1720) der Bildhauerfamilie Guldner sowie ein Taufbecken des Pfarrers Philipp Schmitt (1805–1856) zu sehen. An der östlichen Fassadenseite steht ein Kreuz aus dem 18. Jahrhundert, das Pest- oder Bodinets Kreuz genannt wird. Italienische Mitbürger haben im Garten neben der Kirche eine Statue von Padre Pio aufgestellt.

### ▶ Pfarrkirche St. Maxim-Pachten
Sie wurde 1891/1892 an Stelle des baufällig gewordenen Vorgängerbaus aus dem 11./12. Jahrhundert im neugotischen Stil errichtet. Teile davon sind jedoch erhalten geblieben, so z.B. ein romanischer Türsturzstein in der Eingangshalle des Turmes. Unter der Kirche werden auch Teile des gallo-römischen Vicus Contiomagnus vermutet. Ein Relief zeigt einen Mann, der mit Kreuz und Buch einen Drachen abwehrt, was als Kampf des Christentums gegen das Heidentum oder Ketzer ge-

deutet wird. Zwei barocke Seitenaltäre (ca. 1620) mit Predellen aus dem 18. Jahrhundert der Bildhauerfamilie Guldner zählen ebenfalls zu den Sehenswürdigkeiten dieser Kirche.

### ▶ Jüdischer Friedhof

Mit über 400 Grabsteinen hat Dillingen den größten jüdischen Friedhof im Saarland. Er wurde 1755 für die jüdischen Bewohner Dillingens und der Umgebung angelegt. Die Eingangshalle wurde 1880 gebaut. In einem abgelegenen Bereich haben osteuropäische Zwangsarbeiter ihre letzte Ruhe gefunden.

### ▶ Westwallbunker

Bei Dillingen verlief vor und während des Zweiten Weltkrieges der Westwall. Der Bunker 20 in der Annastraße 27 in Pachten wurde vom Verein zur Erforschung und Erhaltung des Westwalls saniert und als Westwallmuseum eingerichtet. Bei dem Bunker handelt es sich um einem „Regelbau 114b SK" für zwölf Mann Besatzung.
🌐 www.bunker20.de
Öffnungszeiten: erster und dritter So im Monat 14.00–18.00 Uhr und nach Vereinbarung

### ▶ Stahlkunst erleben

Im gesamten Stadtgebiet finden sich Skulpturen zeitgenössischer Bildhauer — hauptsächlich Arbeiten in Stahl. Die Bandbreite reicht von lokal arbeitenden Künstlern bis zu weltweit anerkannten Größen wie Richard Serra und Eduardo Paolozzi. Die Künstler schätzen die Qualität der Dillinger Bleche und die Möglichkeiten der Weiterverarbeitung vor Ort.

### ▶ Künstlerbrunnen

In allen Dillinger Stadtteilen finden sich Brunnenanlagen, historische oder moderne Künstlerbrunnen. In der Innenstadt sind es der Odilienbrunnen und der Springbrunnen im Stadtpark, die seit Jahrzehnten vertraut sind. Für zentrale Plätze in den Stadtteilen wurden Künstler mit der Gestaltung beauftragt.

### ▶ Vertikale Gärten

Sie befinden sich mitten in der Innenstadt in der Stummstraße, ragen 10 m in die Höhe und sind dort ein grüner Blickfang. Rund 4000 Pflanzen wurden in gitterförmigen Matten an zwei Giebelwänden gepflanzt. Zugleich ist der Platz zwischen den vertikalen Gärten neu gestaltet worden und lädt zum Verweilen und Genießen ein. Er trägt den Namen „Peter Lamar Platz". Der Namensgeber war von 1946 bis 1956 ehrenamtlicher Bürgermeister von Dillingen und hat sich um die Stadt verdient gemacht.

## Freizeit und Natur

Dillingen versteht sich als eine Industriestadt im Grünen. Davon zeugen der Stadtpark und der Rosengarten, aber auch die zahlreichen Spazierwege entlang der Saar und des Ökosees. Sie sind auch an überörtliche Wege nach Saarbrücken und Trier angebunden. Vier Rundwanderwege starten und enden am Parkplatz „Nordallee".
Die größte Anlage, der Stadtpark, ist auch Treffpunkt großer und kleiner Veranstaltungen. In der Parkanlage steht eine Konzertmuschel für Musik- und Theaterveranstaltungen, gleich nebenan liegt die Stadthalle. Der Rosengarten, direkt neben

*Geschichte und Spiel im Römerpark in Pachten.*

dem Albert-Schweitzer-Gymnasium, besticht mit einem Kunstwerk von Paul Schneider. Im „Kröppen" zwischen Saarlouiser Straße und Merziger Straße liegt ein kleiner Weiher inmitten einer gepflegten Grünanlage versteckt.

Auch die Pferdewiese, eine große, von Hecken umgebene Wiesenfläche an der Werderstraße kann zur Erholung genutzt werden und hat für Kinder zudem noch einen Spielplatz zu bieten. Dort hatte die Stadt 2013 den ersten Kleinkinderspielplatz eröffnet, ein Angebot, speziell für Kinder bis fünf Jahre. Neu gestaltet wurde im gleichen Jahr die Parkanlage am Römerkastell im Stadtgebiet „Überm Berg".

Der Waldfriedhof ist ein parkähnlich angelegter Friedhof im Dillinger Norden, oben auf der Pachtener Heide.

### ▶ Yachthafen

Rund zwei Kilometer Saar abwärts befindet sich ein Freizeithafen. Er bietet 85 Liegeplätze, darunter 15 an einem Gästesteg. Schiffe mit einer Länge bis 15 Metern sind am Yachthafen zugelassen. Die Stege haben Strom- und Wasseranschluss. Der Hafen hat mehrere Prämierungen mit der „Blauen Flagge" der Stiftung Umwelterziehung für seinen umweltbewussten Umgang mit Landschaft und Natur. Vom Yachthafen aus sind per Fuß- und Radwege die Sehenswürdigkeiten und die Innenstadt in kürzester Zeit zu erreichen. Über die Wege an der Saar ist der Hafen angebunden an das saarländische Radwegenetz, das grenzüberschreitend auch nach Frankreich und Luxemburg und Rheinland-Pfalz führt.

Yacht- und Wassersportclub Dillingen
Hafenmeister, ☏ 06831/704167
🌐 www.wsc.de

▶ **Freibad Haienbachtal**
Das Freibad liegt am Waldrand des
Haienbachtals. Das große Planschbecken
mit einer Tiefe von 30 cm verfügt über ein
schattenspendendes Sonnensegel und
kindgerechte Spielgeräte. Zwei Rutschen,
Wasserkanonen und Bodenblubber sowie
Whirlliegen und Massagedüsen sind die
Attraktionen des Nichtschwimmerbe-
ckens. Das Schwimmerbecken hat mit
50 m Länge, 21 m Breite und 1,80 bis
2,40 m Tiefe olympische Maße. Daneben
stehen Ein- und Drei-Meter-Sprungbretter
zur Verfügung. Das Dillinger Freibad wird
solarbeheizt. Großflächige Liegewiesen in
sonnigen und schattigen Lagen, gastrono-
misches Angebot und gute Erreichbarkeit
machen zusätzlich den Reiz des Freibades
aus.
**Öffnungszeiten:** während der Sommersai-
son in der Regel von 8.00–20.00 Uhr
Informationen unter ☏ 06831/73871

▶ **Hallenbad**
Dillingen verfügt auch über ein modernes
Hallenbad mit Schwimmer- und Nichtschwimmerbecken sowie über einen bis
5-m-Sprungturm, Kinderrutsche, Wasserspeier und Massagedüsen. Es ist auch
behindertengerecht ausgestattet.
**Adresse:** Am Fischerberg, 66763 Dillingen
☏ 06831/73871

▶ **Ökosee**
Im Zuge der Saarkanalisierung entstand
ein 80 Hektar großer Ausgleichssee, der
„Ökosee". Seit 2004 ist er Vogelschutz-
gebiet mit zahlreichen, zum Teil seltenen
Vogelarten. Sie können auch von einem
4 m hohen Turm aus beobachtet werden.
Um den See herum führt ein 3,6 km langer
und barrierefreier Wander- und Radweg.

▶ **Weitere Freizeitmöglichkeiten**
Dillinger Vereine bieten zahlreiche Sport-
und Angelmöglichkeiten an. Adressen und
weitere Informationen unter
🌐 www.dillingen-saar.de/vereine/
sportvereine

▶ **Besondere Veranstaltungen**
Dillingen bietet das ganze Jahr über eine
Fülle von sportlichen und kulturellen Ver-
anstaltungen an, darunter Straßentheater,
den Dillinger Firmenlauf und alle zwei
Jahre das Hafenfest.
Informationen unter 🌐 www.dillingen-
saar.de/freizeit-kultur/veranstaltungen

# Ensdorf

**(Kreis Saarlouis)**

Steinbeilfunde belegen, dass das Gebiet
um Ensdorf schon um 2000 v. Chr. besiedelt war. Der Ortsname wird auf das
keltische Wort „anisa" zurückgeführt,
was Sumpf bedeutet und auf die Lage in
der Talaue der Saar hinweist. Erstmals
urkundlich erwähnt wurde Ensdorf 1179.
Jahrhundertelang war der Ort von der
Landwirtschaft und durch das Handwerk
geprägt. Im 17. Jahrhundert setzte der
Bergbau ein. Bekannt ist die Steinkohlen-

grube Duhamel, die mit ihren Nachfolge-
rinnen, Grube Ensdorf und Bergwerk Saar,
von 1815 bis 2012 bestand und eine der
leistungsfähigsten Bergwerke des Saarlandes war. Hier wurde auch am 30. Juni
2012 die letzte Steinkohle an der Saar
gefördert. Ensdorf ist seit dem 1. Januar
1982 wieder selbstständige Gemeinde
und zählt rund 6500 Einwohner.

**Gemeinde Ensdorf**
**Provinzialstr. 101 a**
**66806 Ensdorf**
📞 **06831/504-0**
🌐 **www.gemeinde-ensdorf.de**

## Sehenswertes

### ▸ Berghalde mit Saarpolygon

Weit über die Gemeinde- und Kreisgrenze
bekannt und weithin sichtbar ist die ehemalige Berghalde, die „Halde Duhamel",
„Monte Duhamel" oder „Monte Schlacko"
genannt wird. Sie erhebt sich 150 m über
der Talsohle (330 m NN).
Sie kann seit Mai 2004 von Wanderern und
Radsportlern besucht werden. Außerdem bietet sie Gleitschirmfliegern einen
idealen Startplatz. Zur Erinnerung an den
Steinkohlenbergbau an der Saar hat der
Förderverein BergbauErbeSaar e. V. für
Besucher ein begehbares Saarpolygon
auf dem Hochplateau der Halde errichten
lassen. Die Stahlkonstruktion krönt mit
ihrer beachtlichen Höhe von 30 Metern
die Haldenspitze und soll den Wandel der
Region symbolisieren. Das Denkmal, das
je nach Standort des Betrachters, immer
in einer anderen Gestalt erscheint, wurde
am 17. September 2016 der Öffentlichkeit
übergeben. Die Landmarke ist täglich ab

*Das 2016 auf der Halde Duhamel errichtete
Saarpolygon ist weithin sichtbar und erinnert an die Bergbaugeschichte im Saarland.*

10 Uhr bis zum Einbruch der Dunkelheit
für Touristen zugänglich. Weitere Informationen über das Saarpolygon auf der
Internetseite des BergbauErbeSaar e. V.:
🌐 www.bergbauerbesaar.de.

Die Ensdorfer Bergehalde ist über drei
Eingänge begehbar (über die Straßen
Bei Fußenkreuz, Tiefenbachstraße sowie
Provinzialstraße). Es wird jedoch der Ein-
gang über die Straße Bei Fußenkreuz in
Höhe Sportzentrum empfohlen, da dort
im Bereich der Großsporthalle Parkmög-
lichkeiten gegeben sind. Dafür von der
Provinzialstraße in die Straße Bei Fußen-
kreuz abbiegen und dann in die 3. Straße
Im Sportzentrum rechts abbiegen.
Festes Schuhwerk ist für das Betreten der
Bergehalde empfehlenswert. Der Weg bis
zum Mittelplateau der Halde verläuft mit

*Gut besucht – die Wege auf der Halde Du-hamel zum und vom Denkmal Saarpolygon.*

*Das Stollenmundloch des ehemaligen Verbin-dungsstollens zwischen der Grube Friedrich Wilhelm und der Schiffsverladestelle in der Parkanlage.*

kleinen Anstiegen, die problemlos zu be-wältigen sind. Allerdings ist der Auf- und Abstieg vom Mittelplateau bis zum „Gip-fel" der Halde für ältere und gehbehinder-te Menschen sowie Familien mit Kleinkin-dern bzw. Kinderwagen nicht geeignet.

### ▸ Stollenmundloch
Ebenfalls ein Zeuge des Bergbaus ist das Stollenmundloch des ehemaligen Verbin-dungsstollens zwischen der Grube Kron-prinz Friedrich Wilhelm in Schwalbach und der Schiffsverladestelle an der Saar. Die Gesamtlänge des Stollens beträgt 2350 m. Während des Zweiten Weltkrieges diente er auch als Schutz vor Luftangriffen, 1987 wurde das Mundloch restauriert. Gegen-über befindet sich am Fuße des sogenann-ten „Ameisenberges" eine weitere Stollen-anlage, die „Felsenkeller" genannt wird.

### ▸ Pfarrkirche St. Marien
Die Katholische Pfarrkirche wurde zwischen 1863 und 1868 von Alexander Himpler erbaut.

### ▸ Kapelle Maria Frieden
Sie ist der zentrale Punkt eines Naherho-lungsgebietes und dient als Gedächtnis-stätte für die Gefallenen und Vermissten der beiden Weltkriege. Sie ist mit mehre-ren Marienskulpturen geschmückt. Hinter der Kapelle erstreckt sich der „Barba-raplatz", auf dem im Sommer mehrere religiöse Veranstaltungen stattfinden, die auch von zahlreichen französischen und luxemburgischen Gästen besucht werden.

## Freizeit und Natur

Neben der Berghalde verfügt Ensdorf über eine weiträumige Parkanlage um das Rathaus herum, die zum Wandern, Rad fahren und Erholen einlädt. Im Park befinden sich auch eine Kneipp-Anlage, eine Konzertmuschel sowie das bereits oben erwähnte Stollenmundloch. Auch entlang der Saar lässt sich gut wandern und radeln.

## Weitere Angebote

### ▶ Freibad

Es besitzt die größte zusammenhängende Wasserfläche in Südwestdeutschland von 125 x 50 m sowie eine 59 m lange Großwasserrutsche und eine Sprunganlage. Grünflächen und Bäume dienen der Erholung. Auch Volleyball oder Tischtennis können gespielt werden. Für Kinder ist ein Spielplatz vorhanden, wo sie Erfahrungen als Kapitän oder Pirat sammeln können. Ein Grillplatz steht an der Blockhütte zur Verfügung.
☏ 06831/504122, während der Badesaison im Schwimmbad ☏ 06831/506206
Öffnungszeiten: Mo–Fr 10.00–20.00 Uhr, Sa und So 9.00–20.00 Uhr.
Während der Sommerferien ist das Freibad ab 9.00 Uhr geöffnet. Nur bei schlechter Witterung werden die Öffnungszeiten eingeschränkt.

# Eppelborn

## (Kreis Neunkirchen)

Mit ihrem Ortsteil Habach bildet die Gemeinde den geometrischen Mittelpunkt des Saarlandes. Zusammen sind es acht Ortsteile, die zur Gemeinde Eppelborn zusammengefasst wurden und rund 18 000 Einwohner zählen. Sie können auf eine über 2000-jährige Geschichte zurückblicken, wie Funde aus der gallo-römischen Zeit belegen. Erste urkundliche Erwähnungen einzelner Ortsteile gehen auf die Jahre zwischen 1200 und 1281 zurück. Bis zur Französischen Revolution gehörten die Ortsteile verschiedenen Herrschaften an. Aus dem ehemaligen Amtsbezirk Eppelborn entstand am 1. Januar 1974 die Gemeinde Eppelborn.

**Gemeinde Eppelborn
Rathausstr. 27
66571 Eppelborn
☏ 06881/9690
⊕ www.eppelborn.de**

## Sehenswertes

### ▶ Pfarrkirche St. Sebastian

Auf einem Felsvorsprung auf einem nördlichen Ausläufer des Hellberges erhebt sich die Pfarrkirche St. Sebastian. Zwar besteht die Pfarrei schon seit 1330, doch ist unklar, wann die erste Kirche erbaut wurde. Sicher ist jedoch, dass 1398 ein neues Gotteshaus eingeweiht wurde, nachdem sein Vorgänger drei Jahre zuvor abgebrannt war. 1760 musste wieder eine neue Kirche erbaut werden. Von ihr sind heute nur noch der

35 m hohe, viergeschossige Turm und der Chorraum im Osten im Originalzustand erhalten. Zwischenzeitlich fanden mehrere Umbauten und Renovierungsarbeiten statt. Der Hochaltar im Innern von dem Bildhauer Johann Mettler aus Morbach im Hunsrück stammt vermutlich aus dem Jahr 1916.

▶ **Christus-Kapelle**
Die Kapelle auf dem Wanderweg von Eppelborn nach Dirmingen ist noch sehr jung. Sie wurde 1996 errichtet. Der schlichte Bau beeindruckt vor allem durch seine Lage, das Holzkreuz des Künstlers Hubert Künzler und die beiden Ikonen der Eppelborner Malerin Agnes Müller. Eichenbänke laden zum Ausruhen ein.

▶ **Weitere Kapellen wurden errichtet:**
1796: Valentinus-Kapelle (Wallenborn-Kapelle) in Wiesbach, Wallenbornstraße
1995: St. Josefs-Kapelle in Macherbach, Im Macherbachtal
1998: Maria-Magdalena-Kapelle in Hierschied, Blumenweg

▶ **Evangelische Kirche Dirmingen**
Im Ortskern von Dirmingen steht an der Kreuzung Lebacher Straße/Marktplatz/Berschweilerstraße die evangelische Kirche, die in ihrem Ursprung auf vorreformatorische Zeiten zurückgeht. Jedoch fehlen genaue Angaben über die Zeit vor der Reformation. Der Turm wurde wahrscheinlich in der zweiten Hälfte des 13. Jahrhunderts errichtet. Das alte Kirchengebäude

*Die Christuskapelle lädt zur Andacht und Aussicht über Eppelborn ein.*

war mit der Zeit baufällig geworden und wurde 1746 bis auf die Grundmauern abgerissen und nur der Turm blieb stehen. Die Grundsteinlegung zum Neubau der Kirche erfolgte am 24. April 1746 und schon am 6. November wurde die Kirche geweiht.

Der Entwurf zum Kirchenneubau kommt von Friedrich Joachim Stengel, von dem auch die Pläne für die Ludwigskirche und das Schloss in Saarbrücken stammen. 1937 wurde die Kirche umgebaut und erweitert. Weitere Arbeiten erfolgten 1996.

Die Besichtigung ist nach Voranmeldung unter ☎ 06827/666 möglich.

### ▶ Katholische Pfarrkirche St. Wendalinus in Dirmingen

Die im Jahre 1912 erbaute Katholische Kirche wurde am 21. Februar 1945 durch einen Bombentreffer zerstört. Für die Dirminger Katholiken stand fest, dass die Kirche wieder aufgebaut werden muss. Am 17. Dezember 1950 war die Einsegnung und am 4. Mai 1954 die Konsekration. Den Plan zu der neuen Kirche entwarf der berühmte Kölner Kirchenbauarchitekt Dominikus Böhm (1880–1955). Sie wurde an der gleichen Stelle errichtet, an der auch die frühere Kirche stand und passt sich dem Ortsbild an. Einfach und ohne Pathos steht die wohl abgewogene Baumasse auf der Anhöhe über Dirmingen. Die Ausmalung des Altarraumes nahm im Oktober 1955 der Saarbrücker Professor Boris Kleint (1903–1996) vor.

### ▶ Alte Kirche Wiesbach

Im Ortskern von Wiesbach steht zwischen der Augustinus- und Valeriusstraße die alte Wiesbacher Kirche. Erstmals erwähnt wird eine Pfarrkirche in Wiesbach in der „taxa generalis" aus dem Jahre 1330. Doch ist anzunehmen, dass die dem Hl. Albanus geweihte Kirche noch etwas älter ist. 1734/1736 sowie 1843/1844 wurde die Kirche abgerissen und wieder aufgebaut. Der jetzige Bau aus dem Jahr 1844 war dem Hl. Augustinus geweiht und der barocke Turm stammt von 1736. Die alte Kirche dient heute als Pfarrzentrum sowie als Ort interessanter Kulturveranstaltungen und steht unter Denkmalschutz.

### ▶ Schloss Buseck

1735 ließen der Freiherr Ernst Johann Philipp Hartmann von Buseck und seine Frau Maria Freiin von Butlar das in sonniger Lage am Südrand des Adenkreuzes westlich der Straße von Bubach-Calmesweiler nach Macherbach gelegene Barockschloss erbauen. Es diente sowohl als Verwaltungssitz der Herrschaft Eppelborn und als Witwensitz der Anna Maria von Buseck. Trotz mehrfacher Renovierungen verfiel das Schloss im Laufe der Jahrzehnte. 1996 erwarb schließlich die Gemeinde Eppelborn das Schlossgebäude, und 1997 ging es in den Besitz von Architekt Bernd Wirtz über, der das Gebäude restaurieren und renovieren ließ. Heute dient es u.a. kulturellen Zwecken sowie Trauungen. Die Gemeinde Eppelborn hat die Parkanlage wieder hergerichtet.

**Adresse:** Brunnenplatz , 66571 Eppelborn-Bubach/Calmesweiler
☎ 06881/962628
Öffnungszeiten: Mo, Di, Mi, Do, 8.30–12.00 Uhr, 14.00–15.30 Uhr; Fr 8.30–12.00 Uhr

*Das 1735 errichtete Schloss Buseck im Ortsteil Bubach-Calmesweiler.*

## Museen

### ▶ Jean-Lurçat-Museum

In Gedenken an den französischen Künstler Jean Lurçat (1892–1966) wurde das Museum 2002 eröffnet. Es zeigt aus seinen Schaffensperioden Keramiken, Wandteppiche, Aquarelle, Ölbilder und Lithografien. Hier haben die Besucher die Möglichkeit, die bedeutendste Lurçat-Sammlung im deutschsprachigen Raum zu sehen.

**Adresse:** Auf der Hohl, 66571 Eppelborn
📞 06881/897888 (während der Öffnungszeiten) und 06881/962628
🌐 www.jean-lurcat.de
Öffnungszeiten: Mi, So 14.30–18.00 Uhr

### ▶ Bauernhaus Habach

An der Ecke Eppelborner Straße/Zum Bach im Ortsteil Eppelborn-Habach steht das „Bauernhaus Habach", das die Gemeinde Eppelborn 1990 erwarb und in den folgenden vier Jahren restaurierte. In dem Haus wird das „Leben auf dem Lande", wie unsere Vorfahren in der ersten Hälfte des 20. Jahrhunderts lebten und arbeiteten,

dokumentiert. Besichtigt werden können sowohl der Wohnbereich als auch die Stallungen und die Werkstatt mit zahlreichen bäuerlichen Arbeitsgeräten. Auch der Außenbereich mit Nuss- und Kastanienbäumen sowie einem Bauerngarten vermitteln einen Eindruck des Umfeldes vor gut 100 Jahren.

**Adresse:** Ecke Eppelborner Str. 11a/Zum Bauch; 66571 Eppelborn-Habach
📞 06881/8472 (während der Öffnungszeiten) und 06881/962628 und 06881/87644
Öffnungszeiten Apr–Dez: So 15.00–17.00 Uhr oder nach telefonischer Vereinbarung

### ▶ Museum für saarländische Brauereikultur

Es ist bislang das einzige seiner Art im Saarland und präsentiert 3000 Ausstellungsstücke der Saarländischen Brauereikultur der letzten 13 großen saarländischen Brauereien, von Gläsern und Krügen auch Aschenbecher, Schilder, Spiegel, Urkunden, Lampen, Leuchten u.v.m. Eine kleine Kneipe wurde ebenfalls nachgestellt, in die man auch einkehren kann.

**Adresse:** Heusweilerstr. 49, 66571 Eppelborn-Mangelhausen
📞 0152/33500961
🌐 www.scharlander.saarland.de
Öffnungszeiten: So 14.00–17.00 Uhr und nach Vereinbarung

## Freizeit und Natur

### ▶ Wandern und Rad fahren

Die Gemeinde Eppelborn bietet eine Fülle von Wander- und Radtouren an, die nicht nur durch eine landschaftlich reizvolle und abwechslungsreiche Gegend, sondern auch entlang von Sehenswürdigkeiten führen. Beispiele hierfür sind der Gemeinderundwanderweg, der große Kapellenweg, die Eppelborner Radrunde oder der Grenzstein-Wanderweg. Alle Wander- und Radwege sind ausführlich unter 🌐 www.eppelborn.de/freizeit-und-tourismus/ wandern-und-radfahren beschrieben. Hinzu kommen die vielfältigen Möglichkeiten des Illtales und des Naturparks Saar-Hunsrück, an denen Eppelborn Anteil hat.

▶ **Umwelt- und Freizeitzentrum Finkenrech**
Gerade während der Vegetationszeit lohnt sich ein Besuch des Umwelt- und Freizeitzentrums Finkenrech. Finkenrech in der Südpforte des Naturparks Saar-Hunsrück gelegen, bietet vielfältige Gelegenheiten zur Erholung in der Natur. Die verschiedenen Gartenanlagen geben Tipps und Hinweise für die Gestaltung und Pflege des heimischen Zier- und Nutzgartens. Das besondere Highlight auf Finkenrech: Gestaltet in Form einer langstieligen Rose präsentieren sich auf rund 1500 qm Fläche 3700 Rosen im Rosengarten Finkenrech. Hier finden sich u.a. sämtliche Rosen, die auf die Namen der deutschen Rosendörfer und Rosenstädte getauft wurden. Für Wanderer gibt es abwechslungsreiche und gut ausgeschilderte Wege, während im Nordic.Fitness.Park Finkenrech ein umfangreiches Trainings- und Kursangebot für Nordic Walker besteht. Bolzplatz und naturnaher Spielplatz erlauben den Kindern ein sorgloses Spielen in der Natur.

**Adresse:** Umwelt- und Freizeitzentrum Finkenrech, Tholeyer Str. 50, 66571 Eppelborn-Dirmingen

*Das Umwelt- und Freizeitzentrum Finkenrech dient der Naherholung und der Anregung für Hobbygärtner und Naturfreunde.*

📞 06827/3050262
🌐 www.regionneunkirchen.de
🌐 www.finkenrech.de

▶ **Naturdenkmal Steinrutsch**
In Dirmingen, befindet sich im Naherholungsgebiet „Steinrausche" das bedeutendste geologische Naturdenkmal des Landkreises Neunkirchen, die „Steinrutsch", ein quarzitisches Konglomerat, dessen Steinblöcke in einem Umkreis von 100 m aufgetürmt erscheinen.

## Besondere Veranstaltungen

▶ **Eppelborner Figurentheatertage**
Das mehrtägige Festival findet jährlich im Frühjahr statt, bei dem mehrere Puppen- und Figurentheater ihr Können vorstellen.
📞 06881/962628

▶ **Frühling auf Finkenrech**
im April und Herbst im September u.a. mit einem großen Bauernmarkt.
📞 06827/ 3050262 oder 06821/972920
🌐 www.regionneunkirchen.de
🌐 www.finkenrech.de

# Freisen

**(Kreis St. Wendel)**

Die Gemeinde Freisen zählt rund 8100 Einwohner und liegt im Nordosten des Saarlandes zwischen den Mittelgebirgen Westrich und Hunsrück. Sie ist eine der höchstgelegenen im Kreis St. Wendel (450 m üNN), wurde erstmals 1235 unter dem Namen „Fresenacum" erwähnt. Bodenfunde belegen, dass bereits Kelten und Römer hier gesiedelt hatten. Heute bilden acht Ortsteile die Gemeinde Freisen.

**Gemeinde Freisen**
**Schulstr. 60**
**66629 Freisen**
📞 **06855/97-0**
🌐 **www.freisen.de**

## Sehenswertes

### ▶ Mithras-Heiligtum

Zwar steht das Mithras-Heiligtum bereits wenige Meter jenseits der Gemeinde- und Landesgrenze, nämlich in Reichweiler/Rheinland-Pfalz, doch wird es mit dem Freisener Ortsteil Schwarzerden in Verbindung gebracht, zumal die Gemeinde Freisen auch den Zugang dazu herstellte. Das Heiligtum stammt aus dem 3. Jahrhundert n. Chr. und ist bereits stark verwittert. Es zeigt den auf einem Stier knienden Mithras mit seinen Dienern Cautes und Cautopates.

### ▶ Talbrücke Oberkirchen

Sie ist schon von weitem zu sehen und überspannt das Tal bei Oberkirchen. Ge-

*Zwar schon stark verwittert, aber immer noch zu erkennen, die Mithrasdarstellung bei Schwarzerden.*

baut wurde sie in den 1930er-Jahren als Eisenbahnbrücke der Strecke Türkismühle–Kusel. Sie ist 275 m lang, 30 m hoch und hat zwölf Bögen auf 11 Pfeilern. Heute ist sie Teil des Fritz-Wunderlich-Rad- und Wanderweges.

## Museen

### ▶ Mineralogisches Museum Oberkirchen

Es befindet sich in der alten Schule in Oberkirchen und zeigt rund 1500 Steine aus über 90 Arten, darunter Achate, Jaspis sowie verschiedene Quarze und Kristalle. **Adresse:** Hauptstr. 26, 66629 Freisen-Oberkirchen

### ▸ Mineralienmuseum Freisen

Es wurde 1994 im alten Rathaus eingerichtet. Alle Ausstellungsstücke stammen
aus dem Gemeindegebiet und der näheren
Umgebung.
**Adresse:** Schulstr. 35, 66629 Freisen
☎ 06855/9744
Öffnungszeiten für beide Museen: am
ersten So im Monat 13.00–18.00 Uhr und
nach Vereinbarung

### ▸ Edelsteindorado

Wer sich gerne als Hobbygeologe und
-mineraloge betätigen möchte, findet
dazu im Edelsteindorado Gelegenheit. Es
ist 25.000 m² groß und mit etwas Glück
findet man Achate und andere Edelsteine,
die man behalten und vor Ort auch weiter
bearbeiten kann. Maschinen und Werkzeuge stehen gegen eine kleine Gebühr zur
Verfügung.
**Adresse:** Mineralschürfstelle Edelsteindorado Freisen, 66629 Freisen, ☎ 06855/6398
🌐 www. edelsteindorado.de
Öffnungszeiten: 1. Apr bis 31. Okt: täglich
11.00–18.00 Uhr, außerhalb der Ferien nur
nach Voranmeldung

### ▸ Landwirtschaftsmuseum Reitscheid

Wer das Landwirtschaftsmuseum Reit-
scheid betritt, fühlt sich zurückversetzt in
die Zeit unserer Vorfahren. Möbel, bäuerliches Gerät, Haushaltsgegenstände und
Geschirr, ja selbst die Bilder an den Wän-
den erinnern an das Leben der Menschen,
die das Haus einst bewohnten. 1862 wurde das südwestdeutsche Bauernhaus mit
seinen über 200 Quadratmetern Nutzflä-
che erbaut. Von 1990 bis 1994 wurde das
Gebäude renoviert und ein landwirtschaftliches Museum eingerichtet. Zahlreiche

Exponate, darunter alte Maschinen und
Geräte aus der Landwirtschaft, vermitteln
Museumsbesuchern einen Eindruck vom
Leben und Arbeiten der Landbevölkerung
vor rund 150 Jahren.
**Adresse:** Landwirtschaftsmuseum Reit-
scheid, Grügelborner Str. 3,
66629 Freisen-Reitscheid
☎ 06855/9744
Öffnungszeiten: am ersten So im Monat
13.00–18.00 Uhr und nach Vereinbarung

## Freizeit und Natur

### ▸ Wandern und Rad fahren

Die Gemeinde Freisen verfügt über ein
vielfältiges und gut ausgeschildertes Netz
an Rad- und Wanderwegen mit unterschiedlichen Längen und Schwierigkeitsgraden. Das sind u.a. die Weiselberg-Gip-
feltour (15 km), der Achatweg (6,7 km),
der Wind- und Wildpark-Radweg (16,7
km), der Mithras-Radweg (6,2 km) oder der
Eisenbahn-Erlebnisweg Ostertalbahn (2,9
km) und die beiden E-Bike-Touren. Eine
ausführliche Beschreibung mit Karte für
alle Rad- und Wanderwege befindet sich
auf der Internetseite:
🌐 www.freisen.de/wandern-walking-
radfahren.

### ▸ Naturschutzgebiet Weiselberg

Das Naturschutzgebiet „Weiselberg" bei
Oberkirchen ist reich an Naturschönheiten
und kulturhistorischen Schätzen. Reste von
Bauwerken aus der Zeit der Römer befinden
sich am Gipfel des Weiselberges, an dessen
Südhang sich das „Steinerne Meer" erstreckt. Dabei handelt es sich um eindrucksvolle Blockschuttfelder, die in Folge starker
Temperaturschwankungen während der

Eiszeiten entstanden sind. Einzigartig ist auch die Vegetation: Auf der felsigen Kuppe des 571 Meter hohen Weiselberges gedeihen u.a. Sonnenröschen, Fetthenne oder Färberginster, aber auch Flechten und Moose. Auf den Feuchtwiesen im südlichen Vorland unterstehen viele andere seltene Pflanzen einem besonderen Schutz.

### ▶ Naturwildpark Freisen
Der Naturwildpark Freisen vermittelt auf seinem 1,8 km langen Rundweg den Besuchern einen hautnahen Kontakt zu vielen Tierarten, darunter Schottische Hochlandrinder, Rot- und Damhirsche, Elche, Waschbären, Berberaffen sowie mehrere Schaf- und Ziegenrassen. Sehenswert sind auch die Vogelarten. Täglich um 11 und 15 Uhr findet eine Vorführung mit Greifvögeln statt.
📞 06855/6365
🌐 www.natur-wildpark.de
Öffnungszeiten: täglich von 10.00 Uhr bis zum Einbruch der Dunkelheit

### ▶ Ostertalbahn
Die 21 km lange Ostertalbahn wurde in den 1930-Jahren von Ottweiler durch

*Eine Fahrt mit der Museums-Ostertalbahn von Schwarzerden nach Ottweiler ist schon ein besonderes Erlebnis.*

das Ostertal bis hoch nach Schwarzerden gebaut. Seit ihrer Stilllegung dient sie als Museumsbahn mit historischen Lokomotiven und Waggons. Informationen zu Fahrzeiten unter 🌐 www.ostertalbahn.de

### ▶ Weiselbergbad
Das Besondere am Weiselbergbad ist nicht nur, dass es in einer sehr schönen Landschaft liegt, sondern vor allem auch, dass es sich vom Hallen- in ein Freibad verwandeln lässt. Bei Sonnenschein und angenehmen warmen Temperaturen wird das Schwimmbecken innerhalb von 8 Minuten über einer Fläche von rund 600 m$^2$ vollständig aufgefahren. Das Bad ist auch mit einer Gegenstromanlage, Sauna, Dampfbad und Whirlpool ausgerüstet.
**Adresse:** Weiselbergbad, Zum Schwimmbad 2, 66629 Freisen-Oberkirchen
📞 06855/6880
🌐 www.freisen/weiselbergbad

*Das Steinerne Meer am Weiselberg bei Oberkirchen.*

# Friedrichsthal

**(Regionalverband Saarbrücken)**

Friedrichsthal mit den Stadtteilen Friedrichsthal, Bildstock und Maybach gehört zu den jüngeren Siedlungen des Saarlandes. Der Name „Friedrichsthal" erscheint zum ersten Mal in einer Urkunde des Jahres 1723. Bildstock hingegen ist schon etwas älter. Dort legten die Grafen von Ottweiler um 1700 ein Hofgut an. Friedrichsthal verdankt seinen Aufstieg und seine Entwicklung der Glasindustrie und dem Bergbau. Von Letzterem zeugt der Stadtteil Maybach. Heute zählt die Stadt rund 10 400 Einwohner.

**Stadt Friedrichsthal**
**Schmidtbornstr. 12 a**
**66299 Friedrichsthal**
📞 **06897/8568-0**
🌐 **www.friedrichsthal.de**

## Sehenswertes

### ▶ Bergmannssiedlung Maybach
Nachdem 1875 die Grube Maybach entstanden war, mussten auch für die Bergleute, Beamten und deren Familien in Grubennähe Häuser gebaut werden. So wuchs ab 1884 der heutige Stadtteil Maybach. Um 1900 wurden auch eine Schule und vier große Schlafhäuser gebaut. Hinzu kamen eine Kirche und eine sogenannte Kaffeeküche. Die Bergmannssiedlung ist heute denkmalgeschützt und ein Beispiel vom Nebeneinander von Arbeitsstätte und Wohnungen. Eine in der Nähe zum Bürgerhaus in der Barbara-Straße aufgestellte Übersichtstafel bietet alle wichti-

*Die ehemalige Bergmannssiedlung Maybach steht unter Denkmalsschutz.*

gen Informationen und beschreibt einen Rundwanderweg (über ca. 2 km) zu allen Sehenswürdigkeiten dieses Kleinodes.

### ▶ Rechtsschutzsaal
In der Bildstocker Hofstraße 49 steht ein großes Backsteingebäude, das Rechtsschutzsaal oder Haus der Solidarität genannt wird. Es wurde 1891/92 von Bergarbeitern gebaut. Damals streikten sie unter Führung von Nikolaus Warken, genannt „Eckstein", für bessere Arbeitsbedingungen in den preußischen Gruben. Da ihnen öffentliche Versammlungen unter freiem Himmel untersagt waren, bauten sie den Rechtsschutzsaal. Jeder stiftete dazu eine Reichsmark und zwei Backsteine.

*Der Rechtsschutzsaal im Bildstock ist das älteste Gewerkschaftsgebäude Deutschlands.*

*Vom Hoferkopf genießt man einen weiten Panoramablick auf Friedrichsthal und das Sulzbachtal. Im Hintergrund ist die große Talbrücke der A 8 zu sehen.*

Der Rechtsschutzsaal ist das älteste Gewerkschaftsgebäude Deutschlands und als Kulturdenkmal von nationaler Bedeutung. 2004 wurde es gründlich saniert.

### ▶ Stollenmundloch Grühlingsstollen

1856 wurde der Grühlingsstollen angehauen. Der Stollenmund ist eine Sandsteinarchitektur mit Türmchen und Zinnen. Die Grühlingsstollensohle diente als Fördersohle für Schacht I und II der Grube Friedrichsthal und wurde 1927 stillgelegt. Im Zweiten Weltkrieg diente er als Luftschutzraum. Der Stollenmund wurde um 1983 restauriert und stark ergänzt.

## Freizeit und Natur

### ▶ Wandern

Friedrichsthal bietet in seinen Naherholungsgebieten reichlich Gelegenheit zum Wandern, z. B. Quierschieder Kopf, Weiheranlage im Trenkenbachtal, am Grühlingswäldchen, Hesswiese Neuwies und rund um den Saufangweiher.

### ▶ Villinger Park und Hoferkopf

Hoch über dem Stadtteil Bildstock erhebt sich der Hoferkopf mit dem Villinger Park, der heute als Naherholungsgebiet dient. Von ihm aus genießt man eine weite Aussicht auf das Sulzbachtal bis hinüber ins Fischbachtal, Landsweiler und Neunkirchen. 1952 wurde hier eine Marienkapelle mit einem Kreuzrundgang im Außenbereich gebaut. Das neue „Bildstöckel" ist den Bildstockern gewidmet, „die in fernen Ländern und Meeren ruhen", so die Gedenkinschrift. Es wurde 1932 errichtet.

## Weitere Angebote

### ▶ Hallen- und Freibad
**Adresse:** Schwimmbadstr. 1, 66299 Friedrichsthal
📞 06897/842412

### ▶ Angelmöglichkeit im Saufangweiher
🌐 www.asv-bildstock.de

# Gersheim

**(Kreis Saarpfalz)**

Die Gemeinde Gersheim erstreckt sich über 57 km² im südlichen Saarpfalz-Kreis und hat rund 6500 Einwohner. Ihre elf Ortsteile liegen allesamt in der Biosphäre Bliesgau. Charakteristisch dafür sind die sanften Hügel und Täler mit ihren Äckern und Streuobstwiesen. Nur die Höhenzüge sind bewaldet. Das Gemeindegebiet war schon sehr früh besiedelt, wovon zahlreiche Funde aus der Kelten- und Römerzeit zeugen. Bei Rubenheim und Reinheim hat man keltische Hügelgräber gefunden. Zwischen Reinheim und Bliesbruck erstreckte sich eine römische Siedlung.

**Gemeinde Gersheim**
**Bliesstr. 19 a**
**66453 Gersheim**
📞 **06843/801-0**
🌐 **www.gersheim.de**

## Sehenswertes

### ▶ Pfarrkirche St. Martin Medelsheim

Die katholische Pfarrkirche St. Martin in Medelsheim fußt auf römischen Fundamenten. Während der Frankenzeit soll bereits eine Kirche bestanden haben. Medelsheim wurde erstmals 888 urkundlich erwähnt. 1772 musste jedoch die gotische Kirche wegen Baufälligkeit und dem schnellen Bevölkerungswachstum einem barocken Neubau weichen. Nur der Chor und die Wandmalereien aus dem Jahre 1459 blieben erhalten.

### ▶ Kreuzkapelle mit Kreuzweg Medelsheim

Auf dem Husarenberg befindet sich die Kreuzkapelle zur Schmerzhaften Mutter. Sie stammt aus dem Jahr 1767 mit einer Pietà von 1554 und diente als Wallfahrtskapelle. Von ihr aus zum Dorf hinter führt ein Kreuzweg, der 1920 angelegt wurde. Die 14 Stationen werden durch weiße Pfeiler mit Satteldächern abgebildet. Volkskünstlerisch gestaltete Halbreliefs stellen den Leidensweg Christi dar.

*Der Kreuzweg bei Medelsheim führt von der Kreuzkapelle bis nach Medelsheim, vorbei an 14 Stationen.*

### ▶ Pfarrkirche St. Markus Reinheim

Der markante Rundturm der Kirche stand schon um 1000 und wurde zunächst als Wehrturm genutzt. Um 1488 erfolgte seine Nutzung auch als Kirche. Das Kirchenschiff wurde 1780/1791 von Peter Reheis, dem Hofbaumeister der Gräfin Marianne von der Leyen, erbaut. Die Inneneinrichtung ist vom Spätbarock geprägt.

### ▶ Pfarrkirche St. Mauritius Rubenheim

Die romanische Kirche wurde um 1000 errichtet und in den nachfolgenden Jahrhunderten mehrfach umgebaut und restauriert, zuletzt 2006. In dem benach-

*Der gallo-römische Kulturpark ist ein grenzüberschreitendes, deutsch-französisches Gemein-schaftsprojekt.*

barten ehemaligen Pfarrhaus fand 1793 die Gräfin Marianne von der Leyen vorübergehend Zuflucht vor den französischen Revolutionstruppen. Eine Gedenktafel vor dem Haus weist darauf hin.

### ▶ Europäischer Kulturpark Bliesbruck-Reinheim

Der Archäologiepark ist ein deutsch-französisches Gemeinschaftsprojekt, da beide Länder daran Anteil haben. In ihm werden seit 1987 auf der deutschen Seite die Reste einer römischen Villa und seit 1971 auf der französischen Seite eine gallo-römische Kleinstadtsiedlung einschließlich einer Thermenanlage freigelegt. Das Museum Jean Schaub in Reinheim zeigt in einer Ausstellung zahlreiche Funde aus der nahen Umgebung des Parks. Einzigartig ist die Nachbildung der hier entdeckten Grab-

hügel, darunter das Grab einer keltischen Fürstin. Dieses wurde rekonstruiert und für Besucher zugänglich gemacht. Auf französischer Seite verdeutlicht die freigelegte und mit moderner Architektur rekonstruierte Thermenanlage den Luxus des römischen Alltagslebens. Übers Jahr finden hier zahlreiche Veranstaltungen statt, darunter auch Kelten- und Römerfeste.

**Adresse:** Robert-Schumann-Str. 2, Maison Jean Schaub, 66453 Gersheim-Reinheim
📞 06843/ 900211
🌐 www.europaeischer-kulturpark.de
Öffnungszeiten 15. März–31. Okt: täglich 10.00–18.00 Uhr, Sonn- und Feiertage um 15.00 Uhr
Führungen sind möglich und im Eintrittspreis enthalten, Treffpunkt: Maison Jean Schaub

## ▶ Eiskeller Bliesdalheim

Der Eiskeller rechts der Landstraße 105 Bliesdalheim nach Breitfurt ist 26 m lang, 5 m breit und zwischen 4 und 6 m hoch. Er könnte während der Römerzeit ein Mithras-Heiligtum gewesen sein.
Der Name „Eiskeller" deutet auf die frühere Nutzung als Kühlschrank hin. Heute dient der Eiskeller als Winterquartier für Fledermäuse. In den Sommermonaten ist er für Besucher zugänglich.
📞 06843/801302 oder 06843/644

## Museen

## ▶ Museum für dörfliche Alltagskultur und saarländischer Aberglauben Rubenheim

Das Museum wurde 1988 von Gunter Altenkirch eröffnet, der sich seit Jahrzehnten mit der Volkskunde des Saarlandes und angrenzender Gebiete beschäftigt und sie erforscht. 2012 erweiterte er das Museum um einen Ausstellungsbereich zum alltäglichen gegenständlichen Aberglauben im Saarland. Es ist in einem südwestdeutschen Bauernhaus in der Ortsmitte von Rubenheim untergebracht. Gezeigt werden unzählige Ausstellungsstücke, die sich mit dem Alltagsleben, vor allem in den unteren Sozialschichten, wie z.B. der kleinen Bauernfamilien des 19. und 20. Jahrhunderts, der Tagelöhner, Handwerker und Arbeiter beschäftigen. Darüber hinaus beherbergt das Museum das Keramik-Atelier von Denise Altenkirch mit zahlreichen sehenswerten Exponaten, wie RAKU-Keramiken und Skulpturen.
**Adresse:** Erfweilerstr. 3, 66453 Gersheim-Rubenheim
📞 06843/ 91081

🌐 www.museum-alltagskultur.de
🌐 www.tonart-denise-altenkirch.de
Öffnungszeiten: jeden dritten So im Monat 14.00–18.00 Uhr und nach Vereinbarung

## Natur und Freizeit

Die Gemeinde Gersheim bietet zahlreiche Wander- und Radwege an, vor allem denjenigen, die Ruhe, Stille und Beschaulichkeit suchen. Von Blieskastel her führt der asphaltierte Freizeitweg über die ehemalige Trasse der Bliestalbahn durch Gersheim, die sich auf der französischen Seite bis Sarreguemines fortsetzt. Von Hornbach aus führt ein Teil des Jakobsweges durch den Ortsteil Medelsheim. 38 km lang ist der Gersheimer Panoramaweg, der über Berg und Tal führt sowie schöne Aussichten und zahlreiche Sehenswürdigkeiten bietet. Die Pfalzwerke-Tour ist mit 17,9 km die bisher längste Nordic-Walking-Strecke im Saarpfalz-Kreis. Der 3000-Schritte-Weg durch den Europäischen Kulturpark dient auch der Gesundheitsvorsorge. Nicht nur bei jungen Leuten erfreut sich der Bliesgau-Bound großer Beliebtheit. Auf einer Länge von 4,5 km können 21 Stationen angelaufen werden, die über Apps auf dem Smartphone abgerufen werden können.
🌐 www.gersheim.de/tourismus-und-freizeit/sport-und-erholung

## ▶ Orchideengebiet Gersheim

1936 wurden bei Gersheim Orchideen entdeckt und zwar rund die Hälfte der in Deutschland vorkommenden 60 Arten. Seit 1957 ist das Gebiet unter Schutz gestellt. Von Anfang Mai bis Anfang Juli werden Führungen angeboten.
📞 06843/801-302

▸**Naherholungsgebiet Rohrentalweiher Rubenheim**

Ein Rundweg führt von Rubenheim aus das Rohrental aufwärts zum Rohrentalweiher und wieder zurück. Eine Fischerhütte lädt zur Einkehr ein.

*Im Naherholungsgebiet Rohrentalweiher.*

▸**Weitere Angebote:**

Angelmöglichkeiten beim ASV Reinheim und ASV Rubenheim sowie in der Blies Freibad Walsheim

**Adresse:** Heuweg 1, 66453 Gersheim

☎ 06843/801-0

▸**Besondere Veranstaltungen:**

Trofeo Karlsberg – Internationales Radrennen für Junioren am ersten Wochenende nach Fronleichnam

# Großrosseln

**(Regionalverband Saarbrücken)**

Großrosseln ist mit seinen sechs Ortsteilen eine Gemeinde im Warndt, dem größten zusammenhängenden Waldgebiet im Saarland. Sie zählt rund 8500 Einwohner und wurde erstmals 1290 urkundlich erwähnt. Obwohl die Grafen von Saarbrücken sich als die rechtmäßigen Herren betrachteten, gab es während des Mittelalters oft Streitigkeiten mit den Nachbarn aus Lothringen, sodass bis 1670 mehrere Herrschaften über „Rosseln" herrschten. Heute bestehen zwischen Großrosseln auf der deutschen und Petite Rosselle auf der französischen Seite des Flüsschen Rossel die besten nachbarschaftlichen Beziehungen. Beide Gemeinden sind Partner.

**Gemeinde Großrosseln**
**Klosterplatz 2–3**
**66352 Großrosseln**
☎ **06898/449-0**
🌐 **www.grossrosseln.de**

## Sehenswertes

▸**Forstgarten und Jagdschloss Karlsbrunn**

Fürst Ludwig von Nassau-Saarbrücken (1768–1793) ließ sich zwischen 1769 und 1786 in Karlsbrunn ein schlichtes dreiflügeliges Jagdschloss errichten, was jedoch nur kurze Zeit den fürstlichen Jagdfreuden diente. 1840 ging das Jagdschloss in den Besitz der preußischen Forstverwaltung über. In der Folge haben die in Karlsbrunn ansässigen Oberförster den Garten

*Das Jagdschloss Karlsbrunn mit seinem Forstgarten.*

bewusst gestaltet und versuchsweise exotische Gehölze angepflanzt, die in Teilen bis heute erhalten sind. Vor diesem Hintergrund entstand 2008, im Rahmen des internationalen Gartenprojektes „Gärten ohne Grenzen", im unmittelbaren Umfeld des Jagdschlosses ein 1,2 Hektar großes Gartenkunstwerk – der Forstgarten Karlsbrunn. Im Jagdschloss Karlsbrunn sind auch ein Trauzimmer ☎ 06898/449-0) sowie ein Bistro mit Biergarten untergebracht.

**Adresse:** Schlossstr. 14, 66352 Großrosseln-Karlsbrunn
🌐 www.grossrosseln.de
Informationen zu „Gärten ohne Grenzen":
☎ 06861/911068
🌐 www.jagdschloss-karlsbrunn.de

### ▶ Weihnachtspostamt St. Nikolaus

Im Ortsteil St. Nikolaus gibt es zur Weihnachtszeit ein eigenes Weihnachtspostamt, wo auch am 5. und 6. Dezember ein Nachfolger des St. Nikolaus zugegen ist. Rund 20.000 Briefe aus aller Welt erreichen ihn jedes Jahr, die alle von ihm und seinen vielen Helfern beantwortet werden. Briefmarkenfreunde können auf diesem Postamt auch Weihnachtsmarken erstehen und original abstempeln lassen.
Adresse: An den Nikolaus, 66351 St. Nikolaus
🌐 www.sankt-nikolaus-warndt.de

*Während der Adventszeit ist im Ortsteil St. Nikolaus auch ein Nachfolger des heiligen Mannes aus Myra zuhause.*

## Freizeit und Natur

### ▶ Wandern und Rad fahren

Der rund 5000 Hektar große Warndt bietet eine Fülle von Möglichkeiten zum Wandern und Rad fahren. Ausgangspunkt des Warndt-Wald-Weges kann der Wanderparkplatz in der Ortsmitte von Karlsbrunn sein. Der beschilderte Weg ist 15 km lang und in zwei Schleifen zu je 7,5 km angelegt. Er führt durch Wälder, an Weihern, dem Wildfreigehege Karlsbrunn, an Zeugen der vergangenen Bergbauzeit und an der Aussichtsplattform der Sandgrube Freyming vorbei.
🌐 www. grossrosseln.de

▸ **Schäfertrail**

20 km lang ist der Schäfertrail von St. Nikolaus über Großrosseln, Ludweiler, Karlsbrunn und wieder zurück zum Ausgangspunkt. Entlang der Strecke befinden sich
die Weiden einer Merino-Landschafherde
und einer Heidschnuckenherde. Tafeln
informieren über Schafe, das Schäferhand-
werk und über die Landschaftspflege mit
Schafen. Weitere Informationen online
über den auf den Tafeln aufgedruckten
QR-Code. Hier können auch die aktuellen
Standorte der Schafherden und Informationen über Veranstaltungen rund um den
Schäfertrail abgerufen werden. Es besteht
die Möglichkeit, den Schäfertrail auch in
bestimmten Abschnitten zu begehen.
🌐 www. grossrosseln.de

# Heusweiler

**(Regionalverband Saarbrücken)**

Funde belegen, dass das Gemeindegebiet
von Heusweiler schon zur gallo-römischen
Zeit besiedelt war. So fand man u. a. 1841
die Reste einer großen „villa rustica" und
1908/09 ein Urnengräberfeld. Erstmals
urkundlich erwähnt wurde Heusweiler
1274. Bereits während der französischen
Besatzung von 1791 bis 1814 wurde Heusweiler mit den umliegenden Dörfern zu
einer Mairie (Bürgermeisterei) zusammengefasst, die auch heute noch im Wesent-
lichen so besteht. Zur Gemeinde gehören
13 Ortsteile in sieben Bezirken mit rund
19 500 Einwohnern.

**Gemeinde Heusweiler**
**Saarbrücker Str. 35**
**66265 Heusweiler**
📞 06806/911–0
🌐 www.heusweiler.de

## Sehenswertes

▸ **Ölmühle Berschweiler**

Bereits 1472 wurde eine Ölmühle in
Berschweiler erwähnt. Die heutige Ölmühle  wurde von 1767 bis 1769 gebaut und
ist ein bedeutendes, noch vorindustriel-
les, technisches Kulturdenkmal aus dem
18. Jahrhundert. Das ehemalige Wohngebäude sowie das angebaute Mühlengebäude und dessen technische Mühlenein-
richtung sind noch weitgehend erhalten.
Zur Ölgewinnung wurden Raps, Mohn,
Nüsse und Bucheckern gepresst. 1939
wurde die Mühle stillgelegt. 1971 wurde
das Mühlengebäude samt der noch vor-
handenen hölzernen Mühlentechnik und
1999 das Wohngebäude in die Denkmal-
liste des Saarlandes aufgenommen.

*Die restaurierte Ölmühle Berschweiler*
*stammt aus dem 18. Jahrhundert.*

**Adresse:** Berschweiler Str. 60, 66265 Heusweiler-Berschweiler
📞 06806/81786
🌐 www.muehle.berschweiler.com

▶ **Kirche „Maria Königin" Obersalbach**
Zwar ist die Kirche, gemessen an anderen Gotteshäusern, noch sehr jung und wurde von 1996 bis 1998 neu gebaut. Doch stellt sie für den Gemeindebezirk Obersalbach ein Kleinod dar. Sie hebt sich durch ihre besondere Architektur und Glasfenster hervor.

*Die Kirche „Maria Königin" in Obersalbach fällt durch ihre besondere Architektur auf.*

## Freizeit und Natur

▶ **Wandern und Rad fahren**
Bedingt durch seine landschaftlich sehr schöne Lage zwischen Wiesen, Feldern und Wäldern verfügt die Gemeinde Heusweiler über zahlreiche Wanderwege. Der 14,6 km lange Hootzemonn-Wanderweg (Hirschkäfer-Wanderweg) ist beschildert und beginnt am Schützenhaus Eiweiler.
🌐 www.heusweiler.de/tourismus/hootzemonn-weg

Radfahrer nutzen gern den Köllertal-Radweg, der über eine Länge von 21,5 km von der Saar durch das Weltkulturerbe Völklinger Hütte über Heusweiler nach Mangelhausen führt.

▶ **Naturpark Kallenborn**
Erholung und Entspannung für die ganze Familie bietet das im Ortsteil Obersalbach gelegene Wildfreigehege Kallenborn. Wanderwege durchziehen den Naturpark in dem man Hirsche, Rehe, Zwergziegen, Pfauen und Fasane beobachten kann. Für Kinder bietet ein Waldspielplatz jede Menge Spaß. Einkehrmöglichkeit bietet das Haus Kallenborn.

▶ **Ski-Club Heusweiler mit Skihang und Liftanlage**
In Wahlschied am Teufelsberg betreibt der Ski-Club Heusweiler eine eigene Liftanlage mit einer Skihütte. Der Skihang ist 300 m lang und weist einen Höhenunterschied von 50 m auf. Wenn mindestens 20 cm Schnee liegen, ist die Anlage am Wochenende für Ski- und Schlittenfahrer in Betrieb. Dann ist auch die Skihütte geöffnet.
📞 06806/608756
🌐 www.ski-club-heusweiler.de

# Homburg

**(Kreis Saarpfalz)**

Die Kreisstadt Homburg blickt auf eine 3600-jährige Geschichte zurück. Bereits während der Bronzezeit um 1600 v. Chr. bestand bei Schwarzenacker eine Siedlung. Bekannter ist jedoch die dortige römische Siedlung. Dort kreuzten sich nämlich zwei Fernstraßen: Metz/Mainz und Trier/Straßburg. 275 wurde die Siedlung von den Alemannen zerstört. Aus dem 11. Jahrhundert stammt die Merburg im Stadtteil Kirrberg. Im 12. Jahrhundert wurde die Hohenburg Sitz der Grafen von Homburg. 1330 wurde Homburg zur Stadt, die in den folgenden Jahrhunderten eine wechselhafte Geschichte von Aufbau, Blüte und Zerstörung erlebte. Seit 1974 ist Homburg nicht nur Kreisstadt des Saarpfalz-Kreises und Universitätsstadt, sondern auch wirtschaftlicher und kultureller Mittelpunkt im östlichen Saarland und der angrenzenden Westpfalz. In den 16 Stadtteilen leben rund 43 000 Menschen.

**Kreisstadt Homburg**
**Am Forum (Rathaus)**
**66424 Homburg**
📞 **06841/101-168**
🌐 **www.homburg.de**

## Sehenswertes

### ▸ Altes Rathaus am historischen Marktplatz

Mitten in der Stadt am Fuße des Schlossberges befindet sich der historische Marktplatz mit dem alten Rathaus, das 1680 erbaut wurde. 1684 siedelten sich in der dazugehörigen Gastwirtschaft „Zu den Heiligen Drei Königen" die ersten Franziskanermönche an. Das alte Rathaus wurde gründlich renoviert und dient heute kulturellen Zwecken.

### ▸ Altes Zunfthaus

In der Karlsbergstraße steht das alte Zunfthaus aus dem 17. Jahrhundert mit einem romantischen Innenhof und Ziehbrunnen. Das Haus ist an den Fels gebaut und hat seinen ursprünglichen Charakter weitgehend bewahrt.

### ▸ Festung Hohenburg

Auf dem Schlossberg stand die Hohenburg. Nach dem Tod des letzten Grafen von Homburg 1449 fielen Burg und Stadt an die Grafen von Nassau-Saarbrücken. Diese bauten in der zweiten Hälfte des 16. Jahrhunderts die Burg in ein Renaissanceschloss um. In der Reunionszeit ließ der französische König Louis XIV. durch seinen Festungsbaumeister Vauban Schloss und Stadt in den Jahren 1679–1692 zu einer starken Festung ausbauen. Die

*Die Ruinen der Hohenburg auf dem Schlossberg über der Stadt.*

Grundstruktur der Altstadt stammt aus dieser Zeit. Die Festungsanlagen wurden 1697 und 1714 geschleift. Ab 1981 wurden die eindrucksvollen Ruinen auf dem Schlossberg freigelegt und restauriert.

### ▶ Schlossberg-Höhlen

Unterhalb der Hohenburg-Ruinen erstrecken sich im Schlossberg die Schlossberg-Höhlen. Die weitläufigen Buntsandstein-Höhlen wurden im 17. Jahrhundert von Menschen angelegt. Der quarzhaltige Sand war in der Glasherstellung und Eisenindustrie sehr begehrt. In den vergangenen Jahren wurde ein Teil der Höhlen für die Besucher gesichert. Eine Besichtigung ist nur mit einer Führung möglich. Zu erreichen sind die Höhlen über einen Treppenaufgang von der Altstadt her oder vom Parkplatz auf dem Schlossberg. Führungen unter ☎ 06841/2064 anmelden
⊕ www.homburger-schlossberghoehlen.de
Öffnungszeiten Apr–Okt: täglich 9.00–17.00 Uhr,
Öffnungszeiten Nov–März: täglich 10.00–16.00 Uhr,
Dez und Jan geschlossen, letzte Führung: eine Stunde vor Schließung

### ▶ Schloss Karlsberg

Von 1776 bis 1786 ließ Herzog Karl II. August auf dem damals unbewaldeten Buchenberg in verschwenderischer Pracht sein Residenzschloss errichten. In der weiträumigen Schlossanlage von mehr als einem Kilometer Breite gruppierten sich um das Hauptpalais der Marstall mit Reitbahn für tausend Pferde, die Orangerie mit dem Theaterbau, Kavaliershäuser, Kasernen und Wirtschaftsgebäude. Zu den großartigen Gartenanlagen gehörten ein Tierpark, Kaskaden und Weiher, Bärenzwinger und der Tschifflick-Pavillon. 1793 wurde das Schloss von französischen Revolutionstruppen niedergebrannt. Die Ausgrabungen und Renovierungen erstrecken sich über den gesamten Karlsberg, also auch auf den heute rheinland-pfälzischen Teil Richtung Bechhofen, wohin sich ein Abstecher lohnt.
⊕ www.schloss-karlsberg.de

### ▶ Merburg Kirrberg

Zwölf Meter über dem Lambsbach erhebt sich der Sandsteinklotz des Malafelsens aus den Kirrberger Talwiesen, dessen Kuppe ein kleines und annähend dreieckiges Plateau von kaum mehr als 30 Metern in Länge und Breite bildet. Hier konnte zwischen 1975 und 1980 eine der ältesten und kleinsten Burgen des Saarlandes ausgegraben und in ihrem historischen Bestand restauriert werden – die Merburg. Aufgrund von Grabungsfunden nimmt man an, dass bereits im 10. Jahrhundert eine Fliehburg existierte und im 11. Jahrhundert ein festes einstöckiges Haus den Schutz einer wichtigen Straße nach Landstuhl übernahm.

### ▶ Gustavsburg in Jägersburg

Die Gustavsburg am Schlossweiher in Jägersburg geht ins Jahr 1590 zurück, als sie von einer mittelalterlichen Wasserburg zu einem Schloss umgebaut wurde. Im Dreißigjährigen Krieg wurde es zerstört. Danach entstand 1666 ein Wohnbau mit Scheune und Stallung. Herzog Gustav Samuel Leopold von Zweibrücken ließ 1720 eine Kapelle und 1721 den heuti-

*Die Gustavsburg mit Schlossweiher im Stadtteil Jägersburg.*

gen Wohnbau errichten und nannte das Schloss Gustavsburg. Das herzogliche Wappen erinnert daran. Heute gehört die Gustavsburg der Stadt Homburg.

### ▶ Beeder Turm
Er ist das Überbleibsel der Turmruine einer Kirche in Beeden, die 1212 erstmals erwähnt wurde. Die dem heiligen Remigius geweihte Kirche war bis 1299 die Pfarrkirche für Homburg unter dem Patronat des Klosters Wörschweiler. Der frühgotische Kirchturm wurde im 14. Jahrhundert erbaut. Die Kirche im Dreißigjährigen Krieg zerstört.

### ▶ Klosterruine Wörschweiler
Die Klosterruine Wörschweiler erhebt sich über dem gleichnamigen Stadtteil. Das Benediktinerkloster wurde 1131 unter dem Priorat der Abtei Hornbach gebaut. Schon 1171 lösten die Stifter des Klosters, die Grafen von Saarwerden, die Benediktiner ab und setzten Zisterzienser ein. Aus dem Priorat wurde eine Abtei. Die Zisterzienser bauten die bescheidene Kirche der Benediktiner zu einer größeren romanischen Kirche aus, deren Reste noch heute auf dem Klosterberg zu besichtigen sind. Im März 1614 brannte das Kloster ab. Man wollte „Schlangen und anderes Ungeziefer" vernichten.
🌐 www.homburg.de/tourismus-neu/ sehenswertes/klosterruine-woerschweiler

## Museen

### ▶ Römermuseum
Das Römermuseum im Stadtteil Schwarzenacker steht auf einem Teil der ab der Zeit Christi erbauten römischen Handelsstadt. Gegründet wurde sie von Kaiser Augustus. Die Stadt erstreckte sich über 25 bis 30 ha und hatte etwa 2000 Einwohner. Im Freilichtmuseum kann man sich die Ausgrabungen römischer Gebäude anschauen und die Welt der Römer näher kennenlernen. Das barocke Edelhaus am Eingang stammt aus dem frühen 18. Jahrhundert und wurde um 1725 erbaut. Es werden auch Workshops und andere

*Im Stadtteil Schwarzenacker lädt das Römermuseum zum Besuch ein.*

Aktivitäten für Kinder und Erwachsene angeboten z.B. Kochen wie die Römer.
**Adresse:** Homburger Str. 38, 66424 Homburg-Schwarzenacker

📞 06848/730777

🌐 www.roemermuseum.schwarzenacker.de
Öffnungszeiten Apr–Okt: täglich von 9.00–17.00 Uhr, Gästeführung sonntags um 15.00 Uhr,
Öffnungszeiten Nov/Feb/März: täglich von 10.00–16.00 Uhr (Rosenmontag geschlossen), Dez und Jan geschlossen
Gruppenführungen im Freilichtmuseum sind auch außerhalb der Öffnungszeiten nach Anmeldung möglich.

# Freizeit und Natur

### ▶ Wandern und Rad fahren

Mit der Schlossberg-Tour und durch den Waldpark Schloss Karlsberg verfügt Homburg über seinen ersten 13 km langen Premiumwanderweg (Markierung: gelbes Turmsymbol). Start ist am Großen Kreuz auf dem Schlossberg. Dieser Weg führt zunächst zu den Schlossberghöhlen und von dort zum Stumpfen Gipfel, der unseren Vorfahren vermutlich als Opferstätte diente. An diesem landschaftlich reizvollen Weg liegen u.a. auch der Karlsbergweiher, die Karlsbergquelle sowie die Überreste der ehemaligen Orangerie, der Bärenställe und der Schwanenweiher.
Weitere Wander- und Radfahrmöglichkeiten bestehen u. a. im Lambsbachtal, auf dem Klosterberg bei Wörschweiler, an der Beedener Platte vorbei, wo sich auch Wildrinder und im Frühjahr und Sommer Störche beobachten lassen sowie im Jägersburger Wald.

### ▶ Naherholungsgebiet Jägersburg

Zwischen dem Schlossweiher und dem Brückenweiher in Jägersburg erstreckt sich ein weitläufiges Naherholungsgebiet mit Waldlehrpfad, Wasserspielplatz, Minigolfanlage, kleinen Karussells und Minimotorradbahn für Kinder. Auf dem Brückenweiher ist auch Boot fahren möglich. Angler können an beiden Weihern nach Lösen eines Erlaubnisscheines ihrer Leidenschaft nachgehen.

### ▶ Fun Forest Abenteuer-Park Homburg

Für Junge und Junggebliebene ist auf zwei Hektar ein gestaffelter Kletterparcours eingerichtet.
**Adresse:** Kleinottweilerstr. 148, 66424 Homburg

🌐 www.abenteuerpark-homburg.de oder
🌐 www.homburg.funforest.de

### ▶ Golfplatz Webweiler Hof

Der Golfclub Homburg bietet in seiner Anlage auf dem Webweiler Hof auch Nichtmitgliedern und Anfängern die Möglichkeit, Golf kennenzulernen und auszuprobieren. Auf dem „Pay & Play-Platz lädt dazu ein 6-Loch-Platz auf 900 m Länge ein. Auch die Golfausrüstung kann geliehen werden,

📞 06841/777776-0

🌐 www.golfsaar.de

### ▶ Stadtpark

Der Stadtpark lädt nicht nur zum Spazierengehen und zur Erholung ein, sondern auch Kinder zum Spielen. Von Mai bis Oktober steht ein Wasserspielplatz mit einem bunten Spielschiff und Flößen zur Verfügung. Am Ufer gibt es ganzjährig Klettermöglichkeiten und eine Minigolfanlage.

▶ **Besondere Feste und Veranstaltungen**

**Flohmarkt:** Es ist der größte in Südwestdeutschland und findet jeden ersten Samstag im Monat rund um das Rathaus am Forum statt.

**Keramikfest:** Ende März

**Jägersburger Strandfest am Brückenweiher:** 1. Juliwochenende

**Homburger Musiksommer:** Mai bis Anfang Oktober

**Fiesta Italiana:** Mitte August

# Illingen

## (Kreis Neunkirchen)

Illingen wurde erstmals 893 urkundlich erwähnt. Über 450 Jahre residierten hier die Herren von Kerpen in einer Wasserburg an der Ill. Diese wurde während der Französischen Revolution zerstört. Heute sind die Überreste der Burg restauriert und Teil der Parkanlage mitten in Illingen. Die Gemeinde besteht seit 1974 aus sechs Ortsteilen mit rund 16.500 Einwohnern. Sie ist Kurort und Standort großer Jahr- und Wochenmärkte.

**Gemeinde Illingen**
**Hauptstr. 86**
**66557 Illingen**
📞 **06825/409-0**
🌐 **www.illingen.de**

## Sehenswertes

▶ **Burgruine Kerpen**

Die Ill umfließt die Burg in einem Bogen, der sich von Wemmetsweiler bis Hosterhof erstreckt. Das Tal war früher sumpfig und damit schwer zugänglich. So bot es der Festung guten Schutz. Vermutlich war die Burg ursprünglich eine Fliehburg gewesen und geht zurück auf die Zeit nach der fränkischen Landnahme (7./8. Jahrhundert). Urkundlich erwähnt wird sie erstmals 1359. Das Hofrechteck (20,5 x 24,4 m) wird von kräftigen Mauern umfasst. Die beiden südlichen Ecken markieren Reste von Türmen. Die Fläche ist von Linden beschattet. Die Gemeinde Illingen als heutige Eigentümerin hat Turm, Burgkapelle und kleinen Festsaal wieder instandgesetzt. Gut erhalten ist auch die Tordurchfahrt der Vorburg von 1605.

*Die Ruinen der Burg Kerpen wurden einst als Fliehburg angelegt.*

### ▸ Pfarrkirche St. Stephan

Man glaubt sich in Bayern, wenn man den 47 m hohen Zwiebelturm der Pfarrkirche St. Stephan von Weitem schon sieht. Doch Illingen gehörte bis 1920 zu Preußen. 893 wird die Kirche erstmals urkundlich erwähnt. Zwei römische Reliefs lassen jedoch vermuten, dass der Ursprung der Kirche weiter zurückliegt. Die heutige Form des Gebäudes besteht seit 1791. Das Besondere an der einschiffigen Barockhalle ist die Verschmelzung verschiedener Epochen. Das älteste Kunstwerk ist ein altrömischer Grabstein an der Südostecke des Turms. Außerdem gibt es barocke Beichtstühle, gotische Spitzbogenfenster an der Süd- und Ostwand, einen Taufstein

*Die Pfarrkirche St. Stephan mit ihrem Zwiebelturm.*

aus dem 19. Jahrhundert und zeitgenössisch gestaltete Glasfenster von Gyorgy Lehoczky. Auch die Ritter von Kerpen sind vertreten und zwar durch den Grabstein Heinrichs von Kerpen (Epitaph), der aus dem Vorgängerbau übernommen wurde. Besonders beeindruckend sind der Hochaltar und die Empore mit der Orgelbühne.
**Adresse:** Kirchenstr. 1, 66557 Illingen
📞 06825/2690

### ▸ Bergkapelle „Zu den Sieben Schmerzen Marien"

Die neugotische Kapelle Zu den Sieben Schmerzen Mariens, liegt auf einer Anhöhe auf halbem Weg zwischen Illingen und Steinertshaus und wurde 1901 erbaut. An ihrer Stelle standen bereits ab dem 16. Jahrhundert Kapellen. Die Bergkapelle wird seit dem 18. Jahrhundert von vielen Pilgern besucht, die die Muttergottes um Trost und Hilfe in der Not bitten, etwa bei schweren Krankheiten. Im 20. Jahrhundert entstanden organisierte Wallfahrten an bestimmten Tagen des Jahres, wie die Männerwallfahrt an Christi Himmelfahrt und die sogenannte „Zigeunerwallfahrt", eine Prozession zur Kapelle, zu der sich Sinti- und Roma-Familien aus Deutschland und den angrenzenden Ländern an jedem ersten Oktobersonntag in Illingen einfinden.
**Adresse:** Gymnasialstr. 145/Kapellenstr., 66557 Illingen
**Öffnungszeiten:** täglich 9.00–19.00 Uhr

### ▸ Historisches Rathaus

Das historische Rathaus entstand Ende des 19. Jahrhunderts, das durch erkerartige Elemente, Balkone, Fachwerk, Jugendstil-Ornamente und den Kontrast

*Das historische Rathaus wurde Ende des 19. Jahrhunderts gebaut.*

zwischen Sandstein und verputztem Obergeschoss hervorsticht. Zwischenzeitlich wurde das Gebäude mehrfach verändert, sodass verschiedene Baustile zu erkennen sind. Besonders beeindruckend ist auch der Rathaussaal.
**Adresse:** Hauptstr. 86, 66557 Illingen

## Museen

### ▸ Statio Dominus Mundi
Am Ende der Waldstraße im Ortsteil Wustweiler steht auf einer Anhöhe eine kleine Kapelle, die Statio Dominus Mundi. Sie ist das letzte Werk des Architekten Alexander Freiherr von Branca. In ihr befindet sich eine Sammlung mit religiösen Themen mittelalterlicher Meister.
**Adresse:** Waldstr., 66557 Illingen-Wustweiler
☏ 06825/3101
Öffnungszeiten: Mi und So 15.00–18.00 Uhr

### ▸ Heimatstube „Alt School"
Sie beschäftigt sich mit der Geschichte von Wustweiler.

**Adresse:** Lebacher Str., 66557 Illingen-Wustweiler
Öffnungszeiten nach Vereinbarung unter
☏ 06825/45738

## Natur und Freizeit

### ▸ Wandern und Rad fahren
Erlebnisweg „Rund ums liebe Vieh"
Im Ortsteil Hirzweiler laden 12 km durch das Illtal zum Entdecken, Anfassen, Mitmachen und Erleben ein. Kühe, Pferde, Ziegen, Schafe und Hühner – zu sehen gibt es Bauernhoftiere in allen Facetten. Info-, Spiel- und Erlebnisstationen erklären alles zu den am Weg liegenden Höfen, den Tieren und zu landwirtschaftlichen Techniken und Produkten. Höhepunkt des Wanderweges ist die „Dorf- und Schaukäserei Hirztaler". Hier kann man dem Käser über die Schulter schauen, Käse probieren und auch im Hofladen kaufen. Start ist am Sportplatz Welschbach. Abkürzungen sind möglich.

### ▸ Rosengarten Welschbach
Er ist das Schmuckstück des ehemaligen Bergmanns- und Bauerndorfes. Besucher und Erholungssuchende finden zwischen all den duftenden „Königinnen der Blumen" ein Plätzchen zur Erholung mit einer schönen Aussicht über das ganze Dorf. Weitere Informationen:
🌐 www.rosengarten-welschbach.de
Darüber hinaus bietet die Gemeinde Illingen weitere Wander- und Radwege an, z.B.im Hosterwald bei Wustweiler oder den Warken-Eckstein-Kulturwanderweg, den schon früher die Bergleute vom Schaumbergland bis zu den Gruben im Sulzbach- und Fischbachtal gegangen sind.

Radfahrern wird die Bibertour empfohlen. Der Rundweg ist 25 km lang und führt von der Kerpenburg durch das Illtal, wo auch Biberburgen zu sehen sind. Illingen ist auch an überregionale Radwege angeschlossen, z.B. an den Saar-Oster-Höhen-Radweg, der 64 km lang ist und von Saarlouis über Illingen nach Dörrenbach im Ostertal führt.
Weitere Informationen:
📞 06825/ 409253

#### ▶ Freibad Sonnenborn

Das Freibad Sonnenborn liegt im Ortsteil Uchtelfangen. Eine Wassertemperatur von 25 Grad C, eine Wasserrutsche und ansprechende Liegeflächen ziehen während der Freiluftsaison zahlreiche Besucher an. Darüber hinaus ist es behindertengerecht ausgestattet.
**Adresse:** Am Schwimmbad, 66557 Illingen
📞 06825/409 237
Öffnungszeiten: Mo–So 9.00–19.00 Uhr, in den Ferien bis 20.00 Uhr

#### ▶ Besondere Veranstaltungen und Feste:

Regelmäßige und vielfältige Kulturveranstaltungen werden in der Illipse angeboten.
📞 05825/40617-0
🌐 www.illipse.de
Wurstmarkt: am dritten Sonntag im Oktober
Vieh- und Mittelaltermarkt: im Wechsel alle zwei Jahre

# Kirkel

### (Kreis Saarpfalz)

Die Gemeinde Kirkel liegt im Dreieck zwischen den Städten St. Ingbert, Neunkirchen und Homburg. Sie besteht aus drei Ortsteilen und zählt rund 10.000 Einwohner. Weithin bekannt ist sie durch ihre markante und sichtbare Burgruine im Ortsteil Kirkel-Neuhäusel. Bereits im Mittelalter waren die drei Ortsteile der Gemeinde miteinander verbunden. In einem Lehensbrief König Siegmund vom 25. Februar 1431 wird das Dorf Limbach im Zusammenhang mit der Feste Kirkel erwähnt. Andererseits war Limbach bereits im frühen Mittelalter Sitz einer Schultheißerei. Limbach und Altstadt waren etwa ab 1800 in einer Bürgermeisterei vereint, der in der Zeit von 1876 bis 1884 auch Kirkel-Neuhäusel angehörte. 1974 wurden die drei Ortsteile wieder zu einer Gemeinde zusammengefasst.

**Gemeinde Kirkel**
**Hauptstr. 10**
**66459 Kirkel**
📞 **06841/80980**
🌐 **www.kirkel.de**

## Sehenswertes

#### ▶ Burgruine Kirkel

Die Burg Kirkel wurde erstmals 1075 urkundlich erwähnt. Vermutlich ist sie jedoch bereits in früheren Zeiten entstanden. Sie steht auf einem 307 m NN hohen Bergkegel, dem Schlossberg und diente wohl der Bewachung der nahe vorbeifüh-

*Die weithin sichtbare Burgruine ist das Wahrzeichen der Gemeinde Kirkel.*

renden Fernstraße von Metz nach Mainz. Im 16. Jahrhundert wurde sie zu einem befestigten Schloss ausgebaut. Die beiden Türme entstanden im späten Mittelalter. Im Sommer 1689 wurde die Burg durch mehrere Brände zerstört. Der runde Turm, 1955 restauriert, ist heute das Wahrzeichen von Kirkel-Neuhäusel.

▶ **Glockenturm Altstadt**
Der Glockenturm in Altstadt wurde 1859 errichtet und weist eine Zinnenbekrönung und einen steinernen Helm auf. Er ist das Wahrzeichen dieses Ortsteiles.

▶ **Elisabeth-Kirche Limbach**
Die evangelische Elisabeth-Kirche in Limbach geht auf eine Kapelle aus dem Jahre 1250 zurück. Sie wurde zuletzt 2005 renoviert.
**Adresse:** Theobald-Hock-Platz 4, 66459 Kirkel-Limbach
📞 06841/80386
🌐 www.ev-kirche-limbach-altstadt.de

▶ **Historische Mühle Limbach**
Die Mühle wurde erstmals 1219 im Zusammenhang mit dem Ort „Lympach" und dem Kloster Wörschweiler erwähnt. 1963 wurde sie stillgelegt, 1988 von der Gemeinde Kirkel erworben und teilweise renoviert. Seit 2007 ist der Raum im ersten Obergeschoss das offizielle Trauzimmer des Standesamtes Kirkel. Darüber hinaus dient das Gebäude als Kulturzentrum. Hier finden das Jahr über verschiedene Veranstaltungen statt, z.B. der Ostermarkt oder der Kunsthandwerkermarkt im Herbst. Darüber hinaus werden in den Räumen vielfältige Kreativkurse angeboten.
**Adresse:** Hauptstr. 4, 66459 Kirkel-Limbach
📞 06841/80940
🌐 www.limbachermuehle.de

*Die Limbacher Mühle wurde bereits 1219 urkundlich erwähnt.*

## Museen

▶ **Heimatmuseum**
Direkt am Aufgang zur Burg gibt es seit 1988 ein Heimatmuseum, passend untergebracht in einem kleinbäuerlichen Gebäude aus dem 18. Jahrhundert. Im Erdgeschoss ist eine Küche und im

Dachstübchen ein Schlafzimmer aus der Zeit um 1900 zu sehen. Im Obergeschoss werden Informationen zur Frühgeschichte der Burg und jährlich stattfindende Ausstellungen geboten.

Heimat- und Verkehrsverein Kirkel, Hauptstr. 10, 66459 Kirkel

📞 06841/8098-40

Öffnungszeiten Mai–Okt: So 14.00–18.00 Uhr. Während des Burgsommers ist das Museum täglich geöffnet, Führungen sind möglich.

## Freizeit und Natur

### ▸ Wandern und Rad fahren

Der Kirkeler Felsenpfad beginnt im Wald hinter der Burganlage am Kohlroter Weg und ist 4 km lang. Er führt an beeindruckenden Felsformationen aus Buntsandstein vorbei. Bekannte Felsen sind der Unglücksfelsen und die Hollerkanzel. Einzelne Felsen können auch beklettert werden. Informationen dazu unter
🌐 www.kirkel.de.

Der geologische Lehrpfad ist Teil des Rundwanderweges und zeigt Steine aus der Geologie der näheren Umgebung.

Weitere Wander- und Radwege sind in den Wäldern um Kirkel-Neuhäusel, Limbach und Altstadt gegeben, darüber hinaus auch auf den Feldwegen in der Bliesaue, z.B. im Beedener Bruch, wo Störche, Bekassinen, Rohrweihen und Braunkehlchen beobachtet werden können. Ein Ziel ist auch die Silbersandquelle im Wald zwischen Kirkel-Neuhäusel und Furpach bei Neunkirchen, bei der silberner Sand aus dem Wasser gespült wird. Der Wolfgangsbrunnen sprudelt in dem Tal zwischen Kirkel-Neuhäusel und Lautzkirchen.

*Der 4 km lange Felsenpfad beeindruckt durch seine Buntsandsteinformationen.*

### ▸ Weitere Angebote:

Solarfreibad mit Kleingolfanlage in Limbach, 📞 06841/80631

Naturfreibad mit Beachvolleyball-Anlage in Kirkel-Neuhäusel, 📞 06849/6344

Reitanlage und -halle des Reit- und Fahrvereins Limbach

## Besondere Veranstaltungen

### ▸ Kirkeler Burgsommer

Rund um die Burgruine findet ab Mai den Sommer über der Kirkeler Burgsommer statt. Dieser ermöglicht Kindern und Erwachsenen einen Sprung in das Zeitalter der Ritter, Knappen und Handwerker. Hier können sie Vergangenheit erleben und mit viel Spaß in familiärer Atmosphäre dabei sein.

🌐 www.burgsommer.de

# Kleinblittersdorf

**(Regionalverband Saarbrücken)**

Kleinblittersdorf wurde erstmals 777 erwähnt. Der damalige Besitzer, Abt Fulrad vermachte seinen Besitz, zu dem auch Kleinblittersdorf gehörte, seiner Abtei. Die Originalurkunde ist die älteste im Saarland und wird heute im Nationalarchiv in Paris aufbewahrt. Die heutige Gemeinde besteht seit 1974 aus fünf Ortsteilen, wobei einige schon während der Französischen Revolution zu einer „Mairie" (Bürgermeisterei) zusammengefasst waren. Sie zählt rund 11 000 Einwohner. Nicht nur gute nachbarschaftliche Beziehungen, sondern auch eine Partnerschaft besteht mit der gegenüber der Saar liegenden französischen Gemeinde Grosbliederstroff. Die Gemeinde Kleinblittersdorf ist auch Teil der Biosphäre Bliesgau.

**Gemeinde Kleinblittersdorf**
**Rathausstr. 16-18**
**66271 Kleinblittersdorf**
📞 **06805/2008-110**
🌐 **www.kleinblittersdorf.de**

## Sehenswertes

### ▶ Wintringer Kapelle

Sie steht im Wintringer Hof im Ortsteil Kleinblittersdorf und ist in der zweiten Hälfte des 15. Jahrhunderts als Ableger der Abtei Wadgassen erbaut worden. Von der ursprünglich qualitätsvollen Architektur sind noch viele Spuren vorhanden, z.B. einen Zyklus von acht spätgotischen Wasserschlagfiguren auf den Strebepfeilern. In einem Wandrelief findet sich die Darstellung einer Jakobsmuschel. Die Wintringer Kapelle ist Teil des Jabobsweges. Öffnungszeiten: jeweils am ersten Sa im Monat 9.00–12.00 Uhr

### ▶ Freundschaftsbrücke

Die heutige Freundschaftsbrücke (frz. Pont de l'amitié) über die Saar zwischen Kleinblittersdorf und Grosbliederstroff wurde 1993 neu gebaut. Sie ist rund 140 m lang und dient als reine Fußgängerbrücke nicht nur der Verbindung zwischen beiden Gemeinden, sondern auch der Begegnung, z.B. bei gemeinsamen Festen. Die erste Brücke wurde 1880 gebaut und im Zweiten Weltkrieg zerstört. Die zweite entstand 1964. Die heutige Brücke ist auch das Wahrzeichen der Gemeinde. Weitere Sehenswürdigkeiten im Ortsteil Kleinblittersdorf sind das barocke Rathaus, das zwischen 1760 und 1770 gebaut wurde und auch für Kunstausstellungen genutzt wird, der Kindchesbrunnen, das

*Die Brücke der Freundschaft verbindet Kleinblittersdorf mit Grosbliederstroff.*

Lennekreuz und der Kreuzweg auf dem Friedhof der Schwestern vom Heiligen Geist beim Hann-Joachim-Haus.

### ▸ Kapelle Auersmacher

Sie wurde 1797 gebaut und ist eines der Wahrzeichen des Ortsteiles. Über dem Portal ist der Rest einer Sakramentsnische mit Maßwerk eingemauert. Der Altar im Innenraum stammt um das Jahr 1790. Um ihn befinden sich Figuren von Maria, St. Wendel, Hubertus, Josef, Petrus und Paulus.

### ▸ Altes Backhaus Auersmacher

Das alte Backhaus auf dem Dorfplatz wurde renoviert. In dem Steinofen werden heute noch Brote und Kuchen sowie Flammkuchen nach einem besonderen Rezept gebacken.

*Im Backhaus Auersmacher wird noch nach alten Rezepten gebacken.*

### ▸ „Dom" Bliesransbach

Die alte Kirche, von den Bliesransbachern als „Dom" bezeichnet, wird heute als Pfarr- und Jugendheim genutzt. Der einfache Saalbau entstand 1779, als der Vorgängerbau aus dem 17. Jahrhundert durch den Saarbrücker Baumeister Lautemann umgebaut und erweitert wurde.

## Museen

### ▸ Altes Bauernhaus Auersmacher

Das „Alte Bauernhaus", das Mitte des 18. Jahrhunderts gebaut wurde, steht im Zentrum des Ortsteils Auersmacher. Hier ist ein Heimatmuseum untergebracht.
**Adresse:** St. Barbara-Str. 15, 66721 Kleinblittersdorf- Auersmacher
📞 06805/ 20080
Öffnungszeiten: nach Vereinbarung

## Freizeit und Natur

### ▸ Saarland-Therme Rilchingen-Hanweiler

Die 2012 eröffnete Saarland-Therme bietet Erholung und Wohlbefinden in Thermalwasserbädern, sieben unterschiedlichen Saunen, zwei orientalischen Dampfbädern und einem großzügigen Spa-Bereich. Das Thermal- und Mineralwasser stammt aus einem etwa 300 Meter von der Saarland-Therme entfernt liegenden Brunnen. Das fluoridhaltige Natrium-Calcium-Chlorid-Sulfat-Wasser kommt aus einer Tiefe von 750 Metern.
**Adresse:** Zum Bergwald 1, 66271 Rilchingen-Hanweiler
📞 06805/60000-0
🌐 www.saarland-therme.de
Öffnungszeiten: täglich 9.00–24.00 Uhr, Fr und Sa bis 1.00 Uhr, lange Saunanacht bis 3.00 Uhr, lange Thermennacht bis 3.00 Uhr

### ▸ Wandern und Rad fahren

Die Wiesen, Felder und Wälder in der Gemeinde Kleinblittersdorf bieten auf ihren Wegen viele Möglichkeiten zum Wandern und Rad fahren. Der 15,6 km lange Blies-Grenz-Weg ist als Premiumwanderweg ausgezeichnet. Er beginnt am Waldpark-

platz in Sitterswald, führt an der Blies vorbei und zieht sich dann über Kleinblittersdorf um Auersmacher herum wieder zum Ausgangspunkt.
Kleinblittersdorf ist auch an den Höhenprofil-Saar-Radweg angeschlossen. Er ist 85 km lang und führt von Saarhölzbach über Saarbrücken bis nach Sarreguemines.

## Besondere Veranstaltungen

▸ **Passionsspiele Auersmacher**
In Auersmacher blickt das Passionsspiel auf eine fast 80-jährige Tradition zurück. Das Leiden und Sterben von Jesus Christus ist in der aktuellen Fassung auf eine Spieldauer von zwei Stunden komprimiert und zeigt in eindrucksvollen Szenen und Bildern die historischen Ereignisse der Zeit von Palmsonntag bis Karfreitag in einer zeitnahen Interpretation.
🌐 www.passionsspiele-auersmacher.de

▸ **Trachtenfest Bliesransbach**
Ende Mai/Anfang Juni
📞 06805/22797

*Das barocke Rathaus der Gemeinde in Kleinblittersdorf.*

# Lebach

**(Kreis Saarlouis)**

Die Stadt Lebach liegt um den geografischen Mittelpunkt des Saarlandes, was in ihrem Stadtteil Falscheid mit einem Findling und einer Hinweistafel kenntlich gemacht wurde. Die Stadt insgesamt liegt im flachwelligen Saar-Nahe-Bergland mit Höhen zwischen 210 und 460 Metern. Der „Donnerhübel" (452 m), der „Höll" (453 m) und „Auf dem Lindenberg" (460 m) bei Steinbach sind die höchsten Erhebungen im Landkreis Saarlouis. Das Stadtgebiet wurde bereits im vorchristlichen Jahrhundert besiedelt. Um die Zeitenwende siedelten Römer hier. Zwei römische Villen und Friedhöfe sowie ein Opferteich zeugen davon. Erstmals urkundlich erwähnt wurde Lebach 950. Eisenerzfunde, die sogenannten „Lebacher Eier" brachten im 17. und 18. Jahrhundert den wirtschaftlichen Aufschwung. Zu Lebach gehören heute elf Stadtteile mit rund 19 000 Einwohnern.

**Stadt Lebach**
**Am Markt 1**
**66822 Lebach**
📞 **06881/59-0**
🌐 **www.lebach.de**

## Sehenswertes

▸ **Asiatischer Garten**
2007 wurde im Zentrum Lebachs zwischen dem Flüsschen Theel und der Hochtrasse der Umgehungsstraße, der „Asiatische Garten" fertiggestellt. Als Vorbild dienen

*Mitten im Zentrum von Lebach erstreckt sich der Asiatische Garten.*

traditionelle chinesische Gartenanlagen. Er ist der einzige seiner Art im gesamten Saarland und 2400 m² groß. Sein Bestreben ist, „die Harmonie von Erde, Himmel, Steinen, Wasser, Gebäuden, Wegen und Pflanzen, also den sogenannten sieben Dingen zu erreichen". Die Pagode ist der zentrale Ruhepunkt des Gartens. Ihre acht Seiten bedeuten die acht Elemente sowie die acht Himmels- und Zwischenrichtungen, wo Gäste aus allen Himmelsrichtungen zusammenfinden sollen.  An der Pagode führt links eine Brücke über ein künstliches Gewässer. Die Zickzackform erklärt sich aus dem chinesischen Glauben, dass sich böse Geister nur geradeaus bewegen können. Wenn sich die Halbrundbrücke im Wasser zu einem Kreis spiegelt, ist darin das chinesische Symbol für Himmel zu erkennen.

▸ **Schloss La Motte**
Das barocke Schloss La Motte geht auf eine frühere Burganlage zurück und wurde zwischen 1707 und 1711 neu erbaut. Das Schlossgebäude besaß eine dreigeschossige, wohlgegliederte Fassade, dazu Dächer mit Dachgauben. Es soll 34 Herrschaftszimmer, einen Rittersaal, Unterkünfte für die Dienerschaft sowie große Stallungen (für etwa 50 Pferde, 100 Rinder und 400 bis 500 Schafe) in den Wirtschaftsgebäuden und eine Mühle mit zwei Mahlgängen besessen haben. Nachdem das Schloss im 19. Jahrhundert mehrfach den Besitzer gewechselt hatte, wurde es 1882 zum großen Teil abgerissen. Heute dient der übrig gebliebene Torbau als Wohnhaus.

▸ **Kaltenstein**
Der Kaltenstein, ein großer Felsen im Hoxberger Wald, soll im 16. Jahrhundert ein Treffpunkt der Hexen gewesen sein. Andererseits beanspruchen ihn auch die Christen. Mehrere Einbuchtungen und Aufmauerungen für Heiligenfiguren, die die „sieben Schmerzen Marias" darstellen und Kerzen sowie ein großes Holzkreuz zeugen davon. Zum Kaltenstein führt ein Pfad, der ein Kreuzweg gewesen sein könnte.

▸ **Pfarrkirche „Heilige Dreifaltigkeit und St. Marien"**
Die katholische Pfarrkirche ist eine der wenigen Gotteshäuser, die zwei Namen trägt. Die St. Marien-Kirche soll bereits 1000 Jahre gestanden haben, bevor 1881 die neue, jetzige Kirche im neugotischen Stil gebaut wurde. Das Nonnenkloster von Fraulautern wollte sie der „Heiligen Dreifaltigkeit" widmen, die Lebacher protestierten dagegen. So erlaubte der Bischof von Trier beide Namen.

*Weithin sichtbar ist die Pfarrkirche „Heilige Dreifaltigkeit und St. Marien".*

## Freizeit und Natur

### ▸ Wandern und Rad fahren

Der bereits erwähnte Kaltensteinweg zählt zu den Premiumwanderwegen, ist 7,6 km lang, weist aber einen zu überwindenden Höhenunterschied von 350 m auf. Naturkundliche und historische Stationen begleiten ihn.
Weitere ausgeschilderte Wander- und Radwege sind z.B. der barrierefreie Wanderweg „Zum Mittelpunkt des Saarlandes" (1,4 km), der Prims-Theel-Erlebnisweg (7 km), der Grenzstein- Wanderweg (12 km) oder der Haifischpfad Rümmelbach (3,5 km).
🌐 www.lebach-aktuell.de/: Rad- und Wanderwege

### ▸ Hallenbad Lebach

Reichlich mit mehreren Schwimmbecken, Sauna, Solarium, Kinderrutsche, Massagedüsen und Unterwasserkameras ausgerüstet, ist das Hallenbad von Lebach. Hinzu kommen die behindertengerechte Ausführung und ein Kinderspielplatz.
**Adresse:** Am Markt 2, 66822 Lebach
📞 06881/538180
🌐 www.lebach.de/buergerservice/hallenbad

### ▸ Besondere Veranstaltungen

Lebach ist bereits seit Jahrhunderten Marktstandort. Jeden Donnerstag findet hier der größte Wochenmarkt in Südwestdeutschland statt. Nachfolgerin der Viehmärkte früherer Jahrhunderte ist die „Grüne Woche", in der sich in der zweiten Septemberwoche die Landwirtschaft präsentiert. Ein buntes Festprogramm wird ebenfalls geboten. Während der „Grünen Woche" an einem Dienstag findet auch „Maria Geburtsmarkt" mit rund 500 Ständen statt.

*Der Lebacher Wochenmarkt ist der größte in Südwestdeutschland.*

# Losheim am See

**(Kreis Merzig-Wadern)**

Losheim am See liegt im Naturpark Saar-Hunsrück und bildet den Westrand zum Schwarzwälder Hochwald. Bekannt ist die Gemeinde vor allem durch ihren über 31 ha großen Stausee. Das Gebiet wurde bereits um 100 v.Chr. von den Kelten besiedelt. Losheim und die umliegenden Dörfer wurden erst am 1. Oktober 1946 ein Teil des Saarlandes. Heute zählt Losheim zwölf Ortsteile mit rund 15.500 Einwohnern.

**Gemeinde Losheim am See**
**Merziger Str. 3**
**66679 Losheim am See**
📞 **06872/609-0**
🌐 **www.losheim-stausee.de**

*Die 1874 gebaute Pfarrkirche ist das Wahrzeichen des Ortsteils Britten.*

## Sehenswertes

### ▶ Pfarrkirche Britten

Die Pfarrkirche aus dem Jahre 1874 steht im Unterdorf und ist das Wahrzeichen des Ortsteiles. Umgeben wird sie von Stechpalmen.

### ▶ Donatuskapelle

Sie wurde 1987/1788 von der Donatus- und Sebastianusbruderschaft gebaut und steht im Ortsteil Losheim.

### ▶ Museumsbahn mit Museen

Seit 1982 betreibt der Museums-Eisenbahn-Club Losheim Dampflok betriebene Museumsfahrten auf den Bahnanlagen der ehemaligen Merzig-Büschfelder-Eisen-

bahn. Die 15 km lange Strecke beginnt am Bahnhof Losheim und führt durch eine abwechslungsreiche Landschaft nach Merzig und von dort aus wieder zurück. Die Fahrt dauert etwa zwei Stunden. Alle Züge sind bewirtschaftet.

Auf dem Bahnhofsgelände Losheim ist auch ein Eisenbahnmuseum eingerichtet. Es zeigt Fotos, Dokumente und Exponate aus der Geschichte der Merzig-Büschfelder Eisenbahn und der saarländischen Eisenbahngeschichte. Filme über die Geschichte der Merzig-Büschfelder Eisenbahn sowie der Film der Reihe Eisenbahnromantik über die Museumsbahn sind ständig zu sehen.

Auf dem Gelände des Museums sind vier Dampfloks (davon zwei fahrbereit), mehrere Dieselloks sowie zahlreiche Personen-

*Seit 1982 wird die Losheimer Museumsbahn betrieben.*

und Gepäckwagen zu sehen.

Die ehemaligen Werkstätten der Merzig-Büschfelder Eisenbahn sind noch erhalten und dienen heute dem Museums-Eisenbahn-Club Losheim zur Aufarbeitung historischer Wagen. Hier kann der Museumsgast den Mitarbeitern beim Arbeiten am historischen Material zuschauen. Raritäten wie die historische Schmiede sind hier ebenfalls zu besichtigen.

**Adresse:** Streifstr. 3, 66679 Losheim am See

📞 06872/1616

🌐 www.museumsbahn-losheim.de

#### ▶ Bahnpostmuseum

Ebenfalls sehenswert ist das Bahnpostmuseum, das dem Eisenbahnmuseum angegliedert ist. Es ist allerdings nur an Fahrtagen der Museumsbahn geöffnet. Zwei Bahnpostwagen der Baureihen 55 und 67 sind hier komplett wie im ehemaligen Dienstbetrieb eingerichtet vorhanden. Die Besucher können so sehr konkret die Arbeit

der früheren Bahnpostler nachvollziehen. Informationen bei Ralf Heinz,

📞 06876/1655

## Freizeit und Natur

#### ▶ Wandern und Rad fahren

Losheim am See verfügt über zahlreiche Premiumwanderwege und Traumschleifen. Sie sind zwischen fünf und 17 km lang mit unterschiedlichen Schwierigkeitsgraden. Eine Wanderkarte mit Beschreibung der Wegstrecken ist unter www.losheim-stausee.de einzusehen. Wanderkarten und viele weitere Angebote rund ums Wandern gibt es auch bei Tourist Information am See.

**Adresse:** Zum Stausee 198, 66679 Losheim am See

📞 06872/9018100

Öffnungszeiten Apr–Okt: Mo–Fr 8.30–16.30 Uhr, Sa, So und Feiertage 10.00–15.00 Uhr

Öffnungszeiten Nov–März: Mo–Fr
9.00–16.00 Uhr, Sonn- und Feiertage
11.00–15.00 Uhr, Sa geschlossen

### ▶ Barfußwanderweg Waldhölzbach

Rund 1,7 km lang ist der Rundweg durch
den Park Schönwies bei Waldhölzbach.
Er wird barfuß begangen, um die verschiedenen Unterlagen wie Steine, Holz,
Gras oder Wasser auf der Haut zu spüren.
Eingang am Hotel-Restaurant Forellenhof
gegenüber der Kirche in der Hauptstraße.
Dort können auch die Schuhe in Regalen
abgelegt werden.

### ▶ Rad fahren

Die Gemeinde Losheim am See wird gleich
von drei landesweiten Radwegen durch-
quert.
Der Saarlandradweg von Mettlach über
Hausbach-Losheim-Niederlosheim nach
Weiskirchen verläuft ca. 500 m vom Stausee und ist über eine Radwegeverbindung
daran angeschlossen. Der Saar-Nahe-Rad-
weg von Merzig über Brotdorf, Bachem,
Rimlingen, Losheim, Niederlosheim nach
Nunkirchen. Der Bostalseeradweg von
Beckingen nach Nunkirchen verläuft im
Lückner durch die Gemeinde und hat An-
schluss an die beiden anderen Radwege.
Der Stausee-Ruwer-Radweg von Losheim
nach Zerf verbindet den Saarlandradweg
mit dem Ruwer-Hochwald-Radweg und
bindet damit Trier und den Hunsrück an
die Gemeinde Losheim am See an.

### ▶ Stausee Losheim

Der Stausee entstand 1974 nach zwei-
jähriger Bauzeit als Bade- und Freizeitsee.
Seine Wasserfläche beträgt 31,2 ha und
misst an der tiefsten Stelle 14 m. Der See

ist 1200 m lang und maximal 400 m breit.
Der Wasserinhalt bei Normalstau beträgt
1,5 Mio. m³.
Der 4,1 km lange See-Rundweg ist asphaltiert und ganzjährig gut begehbar. In
der Gartenlandschaft um den See lassen
sich die Jahreszeiten besonders intensiv
erleben. Mehrere Holzskulpturen, der
„Vogel-Wasser-Lehrpfad", die „Allee der
Bäume des Jahres" sowie der Wechsel der
Landschaft machen sein besonderes Flair
aus.
Der See ist ein EU-Badegewässer mit hoher
Wasserqualität. Er wird gespeist vom
Losheimer Bach. Die Wasserqualität wird
in der Saison regelmäßig vom Gesund-
heitsamt kontrolliert. Das Strandbad ist
kinderfreundlich, verfügt über Stationen
von DLRG und DRK und liegt in einer
idyllischen Bucht. Die Besucher erwartet
zudem eine große Liegewiese, eine Wasserrutsche, eine Sprungplattform im See
und ein Biergarten. Hunde dürfen weder
in das Strandbad noch auf die Liegewiesen
mitgenommen werden.

*An heißen Tagen bietet der Losheimer Stau-
see viel Sonnen- und Badespaß.*

Weitere Angebote sind ein fünf ha großer Seegarten, eine Kneippanlage, eine ein km lange Finnbahn, ein 2000 m² großer Wasserspielplatz, eine Minigolfanlage und eine 1,5 km lange Angelzone. Der Stausee ist an den Premiumwanderweg angeschlossen. Darüber hinaus können Tretboote ausgeliehen werden. Tauchen (Internet: www.tse-lichernet.de), Segeln, Surfen und Kanu fahren sind ebenfalls möglich.

🌐 www.losheim-stausee.de

### ▸ Mayas Kinderparadies

Nicht nur an Regentagen empfiehlt sich mit Kindern der Besuch im „Mayas Kinderparadies". Auf 2000 m² können sich die Kinder in einem Western-Fort, auf einem Piratenschiff, auf einer Hüpfburg oder an einem Klettergerüst austoben. Ein Kleinkinderbereich und Erlebnisparcours sowie ein Scooter erweitern das Angebot.

**Adresse:** Saarbrücker Str. 225, 66679 Losheim am See

📞 06872/922590

🌐 www.mayas-kinderparadies.de
Öffnungszeiten: Mo, Mi, Do und Fr 14.00–19.00 Uhr, Sa, So und an Feiertagen 11.00–19.00 Uhr, in den Sommerferien 13.00–19.00 Uhr, Di geschlossen

### ▸ Besondere Feste

Sommerfest am See
Konzertveranstaltungen, z. B. Rock am See

# Mandelbachtal

## (Kreis Saarpfalz)

Mandelbachtal gibt es in dem jetzigen Zuschnitt seit 1974, als acht Dörfer zu einer Gemeinde zusammengefasst wurden. Sie zählt heute rund 10.500 Einwohner. Ihren Namen erhielt die Gemeinde von dem gleichnamigen Bach, der sie von Norden nach Süden durchfließt und bei Habkirchen in die Blies mündet. Dort soll es bereits 1289 einen Ort „Mandelbach" gegeben haben. Das Gemeindegebiet war jedoch bereits von Kelten und Römern besiedelt. Es ist heute Teil der Biosphäre Bliesgau.

**Gemeinde Mandelbachtal**
**Verkehrsverein e.V.**
**Rathaus**
**Theo-Carlen-Platz 2**
**66399 Mandelbachtal**
📞 **06803/809-126**
🌐 **www.mandelbachtal.de**

## Sehenswertes

### ▸ Rundtürme Bebelsheim und Erfweiler-Ehlingen

Im Saarland gibt es nur drei romanische Rundtürme aus dem 12. Jahrhundert, zwei davon stehen in der Gemeinde Mandelbachtal, nämlich in Bebelsheim und Erfweiler-Ehlingen. Als Kirchtürme haben sie sich bis in die heutige Zeit erhalten. Sie waren wohl ursprünglich Teile der Burgen. In früheren Jahren trug der Bebelsheimer Turm einen Steinhelm, seit 1773 ist er eingedeckt. Gegenüber der Kirche steht

*Der Rundturm der Bebelsheimer Kirche stammt aus dem 12. Jahrhundert.*

mit der Pfarrscheune das älteste noch erhaltene Wohngebäude von Bebelsheim. Die Erfweiler Kirche wurde im Laufe der Jahrhunderte mehrfach erweitert und gilt heute als eine der schönsten in Mandelbachtal.

### ▶ Klosterruine Gräfinthal

Gräfinthal ist ein Weiler zwischen Ormesheim und Bliesmengen-Bolchen. Der Lage nach könnte das ehemalige Kloster der Wilhelmiten auch ein Zisterzienserkloster gewesen sein. Es ist heute vielfach besucht. Seit 1993 haben sich in der Klosterruine wieder Mönche aus dem niederländischen Vaals angesiedelt. Sie wollen das Kloster wieder aufbauen. Einzigartig ist das historische Taubenhaus von 1766.

### ▶ St. Anna-Kapelle Habkirchen

Seit Jahrhunderten wird die St. Anna-Kapelle in Habkirchen als Pilger- und Gebetsstätte genutzt. Erstmals erwähnt wurde sie 1239. Davon zeugt noch die Bezeichnung „Mandelbach-Kapelle" (s.o.) Auf dem Altar steht eine bäuerliche Holzplastik aus dem 18. Jahrhundert, die die heilige Anna mit ihrer Tochter Maria darstellt. Die Kapelle kann tagsüber besichtigt werden.

### ▶ Naturbühne Gräfinthal

Seit 1932 werden auf der Naturbühne Gräfinthal Theaterstücke aufgeführt. Durch Modernisierungen wurde das Freilicht-Laientheater für die Besucher noch attraktiver gestaltet. Besonders das Kindertheater zieht jährlich bis zu 20.000 Besucher an.
🌐 www.naturbuehne-graefinthal.de

### ▶ St. Josefs-Kapelle Erfweiler-Ehlingen

Der Bau der St. Josefs-Kapelle geht auf ein Gelübde der Erfweiler aus dem Jahre 1866

*Ein wahres Kleinod ist die St. Josefs-Kapelle bei Erfweiler-Ehlingen, die 1869 gebaut wurde.*

zurück. Damals gelobten sie, dem heiligen Josef eine Kapelle zu bauen, wenn ihr Dorf vom Krieg Preußen gegen Österreich/Bayern verschont bliebe und alle Männer unversehrt zurückkehrten. Nachdem ihre Gebete erhört worden waren, bauten sie die Kapelle. Die erste Messe fand 1869 statt. Der Kapelle voraus geht ein Kreuzweg.

## Museen

### ▸ Zollmuseum Habkirchen

Seit der Öffnung der Binnengrenzen im Schengen-Raum wurden auch die zahlreichen Zollstellen an den Grenzübergängen geschlossen. Um die Geschichte dieser Zollstellen für die Nachwelt zu erhalten, wurde vom Heimat- und Kulturverein Habkirchen-Mandelbach dieses, in Südwestdeutschland einzigartige Museum eingerichtet. Stilgerecht ist es im alten Zollgebäude Habkirchen untergebracht, nur wenige Meter von der alten Grenze zu Frankreich entfernt. Das Museum zeigt Exponate aus dem Berufsalltag der Zöllner, aber auch historische Schriften und Bilder

*Das Zollmuseum Habkirchen erinnert an die Zeiten, als es hier noch eine Zollgrenze zwischen Deutschland und Frankreich gab.*

aus der langen Geschichte der wechselvollen Grenzgeschichte des Ortes.
**Adresse:** Blieskasteler Str. 2, 66399 Mandelbachtal
📞 06804/6871, Ansprechpartner: Franz-Josef Fries
Öffnungszeiten: jeden dritten So im Monat 14.00–18.00 Uhr

### ▸ Haus der Dorfgeschichte

Das Heimatmuseum in Bliesmengen-Bolchen wurde im Mai 1998 eröffnet. Rund 500 Exponate lassen auf 300 m² Ausstellungsfläche auf vier Ebenen die Vergangenheit lebendig werden. Gezeigt werden u.a. eine Schuhmacherwerkstatt aus den 1930er-Jahren, ein Frisörsalon aus den 1950er-Jahren sowie zahlreiche Arbeitsgeräte aus der Landwirtschaft. Auf dem Freigelände werden Vorführungen und weitere Aktionen angeboten.
**Adresse:** Bliestalstr. 67, 66399 Mandelbachtal
📞 06804/6578
Öffnungszeiten: jeden dritten So im Monat und nach Vereinbarung

### ▸ Kultur- und Landschaftszentrum Lochfeld bei Wittersheim

Das Haus Lochfeld bei Wittersheim ist nicht nur ein beliebtes Ausflugsziel, wo den Besuchern der Naturschutz etwas nähergebracht wird. Das Anwesen dient als Seminarstätte und ökopädagogische Einrichtung. Auf dem Außengelände sind ein Weinberg, eine Imkerei, eine Streuobstwiese sowie ein Obst-, Bauern- und Kräutergarten angelegt. Ein Seminarraum für ca. 50 Personen und drei Ausstellungsräume sind vorhanden.
📞 06841/104-403

# Freizeit und Natur

### ▶ Wandern und Rad fahren

Das Gemeindegebiet verfügt über 70 km gut ausgebaute und markierte Wanderwege. Es hat Teil an dem Jakobspilgerweg, der über seine Nordroute über die alte Römerstraße an Ommersheim und Heckendalheim vorbeiführt und auf seiner Südroute über Bebelsheim, das Brudermannsfeld an die Überbleibsel des Klosters Gräfinthal führt. Wandern und Informationen sammeln bietet der Gräfinthaler Rundweg auf seinen 22 km Länge. Darüber hinaus bieten zahlreiche gut ausgebaute Land- und Forstwirtschaftswege viele Wandermöglichkeiten. Diese können bei gegenseitiger Rücksichtnahme auch zum Radfahren genutzt werden. Es stehen aber auch spezielle Radwege, z. T. mit 18 % Steigungen, z. B. bei Heckendalheim, zur Verfügung. Außerdem laden zwei Parks zum Nordic-Walking ein.

### ▶ Naherholungsanlage „Ommersheimer Weiher"

Nicht nur zum Wandern und Rad fahren lädt die Naherholungsanlage „Ommersheimer Weiher" ein. Sie liegt im Osten von Ommersheim direkt an der L 107 nach Aßweiler. Das Kernstück der ihn umgebenden Parkanlage bildet der Gangelbrunnen, der bereits 1917 gefasst worden ist. Darüber hinaus gibt es einen Spielplatz, eine Tischtennisplatte, eine Minigolfanlage, eine Gaststätte mit Biergarten, einen Beachvolleyball-Platz, einen Bouleplatz und eine Kneipp-Tretanlage.

### ▶ Reiten

1994 wurde die Gemeinde Mandelbachtal auf Bundesebene als „Pferdefreundlichste Gemeinde" ausgezeichnet. Zahlreiche Reiterhöfe laden zum Reiten ein. Freunde der Island-Pferde finden sich auf dem Ponsheimer Hof ein.

📞 06803/2305
🌐 www.ponsheimerhof.de

### ▶ Drachen steigen lassen

Wenn es das Wetter im Herbst zulässt, kann man auf den Höhen zwischen Ormesheim und Bliesmengen-Bolchen östlich des Aussichtsturmes auf dem Heidenkopf die Drachen steigen lassen.

### ▶ Jungholzhütte Bebelsheim

Links der Nebenstraße von Bebelsheim nach Reinheim, auf halber Höhe gegenüber dem Grenzland-Hof, lädt die Jungholz-Hütte zum Verweilen ein. Neben Getränken werden typische Gerichte wie Salate, Steaks und Schwenkbraten, Bratkartoffeln und um die Osterzeit im April Bärlauch-Gerichte angeboten. Kinder können im Winter Schlitten fahren. Ein Wagen voller Spielsachen steht bereit.

📞 0176/40034086
🌐 www.jungholzhuette.de
Öffnungszeiten: Mi 14.00–21.00 Uhr, Sa 14.00–19.00 Uhr, So 11.00–19.00 Uhr

### ▶ Besondere Veranstaltungen und Feste
Bärlauchfest an der Jungholzhütte (s. o.)
Gräfinthaler Markt am zweiten Wochenende im Aug

# Marpingen

**(Kreis St. Wendel)**

Die Gemeinde Marpingen liegt im Hunsrück-Vorland südlich des Schaumberges. Sie wurde erstmals 1084 urkundlich erwähnt. Funde aus der Jungsteinzeit, der Bronzezeit und der Keltenzeit belegen jedoch eine sehr frühe Besiedlung. 1974 schlossen sich vier Dörfer zur Gemeinde Marpingen zusammen, die 2017 rund 10.500 Einwohner zählt. Überörtlich bekannt wurde Marpingen durch angebliche Marienerscheinungen seit dem späten 19. Jahrhundert, die jedoch von der katholischen Kirche nicht anerkannt werden. Dennoch ziehen immer noch viele Pilger in den Härtelwald zur Marienkapelle.

**Gemeinde Marpingen**
**Urexweiler Str. 11**
**66646 Marpingen**
📞 **06853/9116-0**
🌐 **www.marpingen.de**

## Sehenswertes

### ▸ Marienkapelle im Härtelwald

Die Marienverehrung setzte in Marpingen schon vor über 500 Jahren ein. Einen ersten Höhepunkt erreichte sie im Juli 1876, als Maria, die Muttergottes, drei achtjährigen Mädchen im Härtelwald erschienen sein soll. In den folgenden Jahrzehnten entstanden eine Marienverehrungsstätte mit Kapelle, Marienquelle, Kreuzweg und Kreuzigungsgruppe sowie ein Besucherzentrum und eine Kneipp-Anlage. Ähnliche Ereignisse im Jahr 1999 – dieses Mal waren die Seherinnen drei Frauen – brachten der Stätte erneut ein landesweites Interesse. Jedes Jahr pilgern Tausende von Gläubigen hierher, um zu beten und die Muttergottes Maria zu verehren.
🌐 www.haertelwald.de

*Der Härtelwald hat sich zu einem Zentrum der Marienverehrung entwickelt.*

### ▸ Grabungsstätte „Römischer Vicus Wareswald"

Seit 2001 wird am Fuß des Schaumbergs, auf dem Gebiet der Gemeinden Tholey, Oberthal und Marpingen eine Siedlung aus dem 1. Jahrhundert n. Chr. archäologisch untersucht. Nicht nur die bedeutsamen Funde können besichtigt werden, es gibt auch die Möglichkeit, sich aktiv an den Grabungen zu beteiligen.
📞 06853/501361
🌐 www.terrexggmbh.de

### ▸ Kulturzentrum Alte Mühle

Das aus dem Jahr 1836 stammende Marpinger Mühlengebäude wurde nach aufwändiger Restaurierung 1999 zu einem Kulturzentrum und einer Begegnungsstätte umfunktioniert. Es finden darin Ausstellungen, Konzerte, Vorträge oder Lesungen statt. Der Museumsteil mit kulturellen Zeitzeugnissen aus dem Alltagsleben und die „Stiftung Marpinger Kulturbesitz" haben hier ihr Büro. Darüber hinaus ist im Haus eine Begegnungsstätte für Alt und Jung in Planung.

**Adresse:** Schafbrücke 7, 66646 Marpingen 📞 06853/400242 oder Kulturamt der Gemeinde Marpingen: 📞 06853 /9116-121 oder -122

Öffnungszeiten: Di, Mi, Do 8.30–12.00 Uhr

### ▶Hiwwelhaus Alsweiler

Das Hiwwelhaus (mundartl. Haus auf dem Hügel) auf dem Reitersberg im Gemeindebezirk Alsweiler ist das älteste in seiner Ursprünglichkeit und Originalität noch erhaltene Bauernhaus dieses Baustils im Saarland. Es wurde 1711 bis 1712 erbaut und zwischenzeitlich mehrfach renoviert und restauriert. Charakteristische Bauteile und Einrichtungen erlauben einen ein-

*Das Hiwwelhaus im Ortsteil Alsweiler zeugt von der saarländischen Bauernhauskultur des 18. Jahrhunderts.*

maligen Einblick in die Besonderheiten der saarländischen Bauernhauskultur des 17. und 18. Jahrhunderts. Das Wohnhaus ist heute als Museum der Öffentlichkeit nach Absprache zugänglich.

📞 06853/3106, Ansprechpartner: Wolfgang Simon

### ▶Wandern und Rad fahren

Die Gemeinde Marpingen verfügt über zahlreiche gut ausgebaut und beschilderte Wanderwege. Als Premiumwanderweg ist der „Biberpfad" ausgezeichnet. Mit etwas Glück können entlang des 18,7 km langen Pfades Biber beobachtet werden. Interessant sind auch die Grenzsteine, die einst das Schaumburger Land von Saarbrücken-Nassau schieden. Vorbei geht es auch an alten Steinbrüchen, einem Segelflugplatz und der Marienverehrungsstätte Härtelwald. Gerne bewandert werden auch der Marpinger Rundwanderweg (18 km), der Urexweiler Rundwanderweg (10 km) und der Marien-Rundweg. Nordic-Walkern stehen mit der Härtelwald-, Keltenpfad- und Bärenroute drei Strecken mit unterschiedlichen Anforderungen zur Verfügung. Darüber hinaus ist Marpingen seit 2010 an den Jakobsweg angebunden. Der Saar-Nahe-Höhen-Radweg von Güdingen bis an den Bostal-See verläuft durch die Gemeinde, ebenso der Saar-Nahe-Oster-Radweg, der von Saarlouis quer durch das Saarland ins Ostertal führt.

🌐 www.marpingen.de unter „Pilgern und Wandern"

### ▶Hallenbad Urexweiler

Das Hallenbad in Urexweiler wurde in den vergangenen Jahren saniert und modernisiert. Durch einen verstellbaren Hubboden

können unterschiedliche Wassertiefen eingestellt werden. Es werden zahlreiche Kurse und Aktivitäten angeboten. Für Kinder wird samstags von 15–17 Uhr ein spezielles Spielbaden angeboten.
**Adresse:** Gesundheits-, Wellness- & Familienbad Urexweiler, Im Brühl, 66646 Marpingen-Urexweiler
📞 0 68 27/2202
Öffnungszeiten: Di, Mi, Do 15.00–21.00 Uhr, Fr 15.00–18.30 Uhr, Sa 15.00–17.00 Uhr mit Spielbaden

# Merchweiler

**(Kreis Neunkirchen)**

Die Gemeinde Merchweiler wurde 1974 aus den beiden Ortsteilen Merchweiler und Wemmetsweiler gebildet und zählt rund 10.000 Einwohner. Merchweiler wurde erstmals 1291 urkundlich erwähnt. Bis ins 18. Jahrhundert war der Ort ein Bauerndorf, das sich danach durch den Bergbau, Glashütte und eine Ziegelei zu einem Arbeiterwohnort entwickelte. In Wemmetsweiler hat bereits zur Römerzeit eine Villa gestanden. Auch in diesem Ortsteil vollzog sich nach der Aufnahme des Bergbaus in der Umgebung die gleiche Entwicklung wie in Merchweiler. Die Verwaltung wurde nach der Zusammenlegung 1974 auf beide Rathäuser verteilt.

**Gemeinde Merchweiler**
**Hauptstr. 82**
**66589 Merchweiler**
📞 **06825/9550**
🌐 **www.merchweiler.de**

## Sehenswertes

▶ **Pfarrkirche St. Michael Wemmetsweiler**
Bereits Mitte des 17. Jahrhunderts stand in Wemmetsweiler eine dem Hl. Michael geweihte Kapelle. Sie war der Wallfahrtsort für die Gläubigen aus der Umgebung. 1901 wurde sie abgerissen, nachdem man 1899 die Pfarrkirche errichtet hatte. Ein Marien- und ein den 14 Nothelfern gewidmeter Altar sind in der Tradition des Tafelbildes reich gestaltet. Ungewöhnlich ist auch das Orgelgehäuse mit seinen Doppelflügeln und Heiligenbildern. Ein auf Leinwand gemalter Kreuzweg aus dem späten 19. Jahrhundert erzählt die Leidensgeschichte Jesu. Die Kirche sei „auf zwei Felsen gegründet" hieß es. Keine Sage, sondern eine Tatsache: Die beiden Felsen, auf der die Kirche stand, rissen vor Jahrmillionen. Der Steinkohleabbau tief unter der Erde vertiefte den Sprung. Als die Kirche wegen Bergbauschäden absackte, entwickelte die damalige Grubenverwaltung ein einzigartiges Sicherungskonzept. Ein Balkenrost stabilisiert die tragenden Wände und Säulen. 48 darunter angebrachte Federpakete, mächtige Stahlfedern, tragen das Kirchenschiff. Noch einmal 27 dieser elastischen Lager gleichen die Erdbewegungen unter dem Glockenturm aus und stabilisieren die Pfarrkirche seit 1995. Danach wurden der Innenraum, die Altäre und die Orgel aufwendig restauriert und mit einem neuen, dem Baustil angepassten Kreuzweg ausgestattet.
**Adresse:** Zum Striedt 18, 66598 Merchweiler-Wemmetsweiler
📞 06825/ 2325
Führungen nach Absprache

### ▸Historisches Rathaus Wemmetsweiler

Das Rathaus in Wemmetsweiler wurde 1926 eingeweiht. Seinem Baustil nach ist es dem Neoklassizismus zuzuordnen. Die großzügige Planung repräsentierte wohl auch das Selbstbewusstsein der 1921 entstandenen Bürgermeisterei Wemmetsweiler. Seine weithin sichtbare matt glänzende Kuppel wurde zum Wahrzeichen des Ortes Wemmetsweiler. Heute befindet sich in dem Gebäude ein Teil der Gemeindeverwaltung. Außerdem dient es verschiedenen kulturellen und gesellschaftlichen Veranstaltungen.

**Öffnungszeiten:** Mo–Fr 8.30–12.00 Uhr, 14.00–15.30 Uhr, Besichtigungen nach Vereinbarung

*Das 1926 gebaute prunkvolle Rathaus ist das Wahrzeichen des Ortsteils Wemmetsweiler.*

## Museen

### ▸Heimatmuseum Wemmetsweiler

In seinen Ausstellungsräumen zeigt das Museum den Lebensalltag der Menschen aus der Gemeinde und Umgebung im 19. Jahrhundert sowie Gegenstände und Figuren der 1901 abgerissenen Kapelle, Fossilien aus der Steinkohlenzeit sowie Stempel und Dokumente aus der Zeit zwischen dem Ersten und Zweiten Weltkrieg.

**Adresse:** Zum Striedt, Dachgeschoss der Grundschule, 66589 Merchweiler-Ortsteil Wemmetsweiler
☏ 06825/42289
Öffnungszeiten: jeden zweiten So im Monat 15.00–17.00 Uhr oder nach Vereinbarung

## Freizeit und Natur

### ▸Naherholungsgebiet Itzenplitz

Das Naherholungsgebiet „Itzenplitz" bietet rund 50 km gut ausgebaute und markierte Wanderwege mit Möglichkeiten zum Ausruhen und Erholen. Gebiet und Einrichtungen werden von den Gemeinden Merchweiler und Schiffweiler sowie der Stadt

*Das Naherholungsgebiet Itzenplitz mit seinem 1908 gebauten Pumpenhäuschen.*

Friedrichsthal in einem gemeinsamen Zweckverband „Naherholungsraum Itzenplitz" getragen. Der Weiher entstand 1876/79, als ein Damm für die Grubenbahn Reden-Itzenplitz aufgeschüttet wurde. Sehenswert ist auch das historische Pumpenhäuschen aus dem Jahre 1908 direkt am Ufer. Kneipp-Anlagen, Trimm-Pfade und Reiterwege erweitern das Angebot.

### ▶ Rosengarten Wemmetsweiler

Er wurde in den Jahren 1925 bis 1929 durch den von Bergleuten gegründeten Verein der Rosenfreunde Wemmetsweiler auf dem Michelsberg angelegt. Auf einer Fläche von 1500 m² gedeihen mittlerweile Tausende von Rosen vieler Sorten, Stauden und Sträucher. Von der Höhe aus bietet sich dem Besucher ein weiter Rundblick ins Land: Illtal, Schaumberg, die Höhenzüge des Saar- und Primstales, die Vorläufer des Hunsrücks und das Höcherberggebiet bieten ein großartiges Panorama. Die Gaststätte mit freiem Rundblick lädt zu einem Aufenthalt ein. Unmittelbar am Rosengarten gibt es auch eine Minigolfanlage. Die im Jahr 1934 von Kriegsveteranen des Ersten Weltkrieges erbaute und mittlerweile restaurierte Krieger-Gedächtnis-Kapelle lädt zur Andacht ein.

**Adresse:** Rosengartenweg, 66589 Merchweiler-Wemmetsweiler

📞 0159/02883431

🌐 www.rosengarten-wemmetsweiler.de

### ▶ Oberes Merchtal

Naturschutz und Erholung schließen sich im oberen Merchtal nicht aus. Dieses Tal ist eines der größten Gebiete im Saarland mit Sandweiden. 62 Vogelarten und 36 Falterarten, darunter seltene, wurden hier

*Wohnen, Erholung und Naturschutz schließen sich im Oberen Merchtal nicht aus.*

nachgewiesen. Durch das Naturschutzgebiet führt der Naheweg. Es darf als eine ideale Kombination von Naturschutz, landwirtschaftlicher Nutzung und Naherholung angesehen werden

### ▶ Freizeitanlage Rockenhübel

Die Freizeitanlage auf dem „Rockenhübel" in Wemmetsweiler mit seiner herrlichen Fernsicht steht Vereinen, Jugendgruppen und Schulen zur Verfügung. In dem 1991 erweiterten und renovierten Gebäude mit komplett ausgestatteter Küche und Gastraum finden bis zu 60 Personen Platz. Das Gelände mit überdachtem Grillplatz bietet viele Möglichkeiten für Sport, Spiel und Geselligkeit. Die Gemeinde nutzt die Anlage für die jährlich stattfindenden Ferienfreizeiten und für Freizeittage für Kinder. Dort können sie spielen, toben und Baumhäuser bauen oder unter Anleitung ihrer Betreuerinnen und Betreuer basteln, malen, Musik machen und Theater spielen. Weitere Informationen: Rathaus Wemmetsweiler, Zimmer 2.10

📞 06825/955-242

### ▶ Jugendfreizeitanlage „Wolfskaul"

Die Anlage wurde von der Gemeinde eingerichtet und liegt zwischen den beiden Ortsteilen Merchweiler und Wemmetsweiler. Sie versteht sich als Freizeitangebot für Kinder und Jugendliche. Beachvolleyball-Feld und Streetball-Platz stehen ihnen jederzeit offen.

### ▶ Minigolfanlage Lehmkaul

**Adresse:** An der Allenfeldhalle
📞 06825/9700444
Öffnungszeiten: täglich außer Do ab 14.00 Uhr, So ab 11.00 Uhr

# Merzig

**(Kreis Merzig-Wadern)**

Merzig liegt in einer Talaue der unteren Saar und ist keltisch-römischen Ursprungs. Allerdings entstanden einige der heutigen Stadtteile erst mit der fränkischen Landnahme im 7. Jahrhundert. Vom Hochmittelalter bis zum Ende des 18. Jahrhunderts war Merzig Hauptort der Gemeinherrschaft Merzig-Saargau, das von den Trierer Bischöfen und Kurfürsten sowie von den Herzögen von Lothringen gemeinsam verwaltet wurde. 1778 wurde Merzig vom Kurfürsten Clemenz Wenzeslaus zum kurtrierischen Amtssitz erhoben. Dieser wichtige Abschnitt Merziger Geschichte spiegelt sich im Merziger Stadtwappen wider, das sowohl das rote kurtrierische als auch das schwarze lothringische Doppelkreuz zeigt. 1825 wurde

Merzig zur Stadt erhoben. Ihren heutigen Gebietszuschnitt erhielt sie 1974, als sich 19 Stadtteile zur Kreisstadt Merzig zusammenschlossen, die rund 30 000 Einwohner zählt.

**Kreisstadt Merzig**
**Neues Rathaus**
**Brauerstr. 5**
**66665 Merzig**
📞 **06861/85-330**
🌐 **www.merzig.de**

## Sehenswertes

### ▶ Pfarrkirche St. Peter

St. Peter wurde um 1200 von Wadgasser Prämonstratenserchorherren als Klosterkirche errichtet. Sie ist eine der wenigen erhaltenen gebliebenen romanischen Sakralbauten im Saarland und prägt das Bild der Stadt. Trotz Zerstörungen und Umbauten im Laufe der Jahrhunderte hat die Kirche, abgesehen vom Westbau, ihre wesentliche Gestalt behalten.

*Die Basilika St. Peter ist einer der wenigen erhaltenen romanischen Sakralbauten im Saarland.*

Im Innern der Basilika erwartet den Besucher eine große Zahl von Kunstwerken, vor allem aus der Zeit des Barock. Besonders zu erwähnen sind die Christus, Maria und die zwölf Apostel darstellenden Figuren, die um 1700 von Wolfgang Stupeler gefertigt wurden. Sehenswert sind auch die aus dem 17. Jahrhundert stammende Piet in der Nebenkapelle im Nordquerhaus, der Hochaltar mit der krönenden Pelikanfigur (vermutlich um 1738), das Pestkreuz (14. Jahrhundert), die Drehtaufe, die Statue des Nikolaus sowie wieder freigelegte Malereien des Merziger Malers Heinrich Klein.

### ▸ Stadthaus in der Fußgängerzone

In der Fußgängerzone steht mit dem sogenannten Stadthaus ein weiteres Wahrzeichen der Stadt. Der Spätrenaissancebau entstand zwischen 1647 und 1649 als

*Fußgängerzone mit Stadthaus.*

Schloss des Kurfürsten und Erzbischofs von Trier. Nach einem Brand wurde es im 18. Jahrhundert im barocken Stil umgestaltet. Im Innern erwartet die Besucher eine Besonderheit: Seit 1998 finden sich hier als Dauerleihgabe der Bayerischen Schlösserverwaltung 16 Terrakotten, die ursprünglich für den Fassadenschmuck des Schlosses Herrenchiemsee bestimmt waren. Nahezu der gesamte Fassadenschmuck des bayerischen Königsschlosses stammt nämlich aus der Terrakotta-Fabrikation des Merziger Unternehmens Villeroy & Boch. Im Stadthaus ist heute die Verwaltung der Stadt, darunter auch das Standesamt, untergebracht.

### ▸ Kreuzbergkapelle

Bereits vor dem Bau der Kapelle 1858 wurden seit 1843 die Josefswallfahrten durchgeführt. Sie nahmen bald sehr große Ausmaße an. Das aus diesem Anlass errichtete Steinkreuz findet man heute an der Rückseite der Kapelle, die als ein weiteres Wahrzeichen der Stadt sich über dem Kreuzberg erhebt.

### ▸ Kapelle Harlingen

Die barocke Wallfahrtskapelle Beate Maria Virginis auf dem Bietzerberg in Harlingen gehört mit zu den bedeutendsten barocken Dorfkirchen im Saarland. Sie soll von dem Trierer Baumeister Christian Kretschmar gebaut worden sein. Kunstgeschichtlich bedeutend ist das gotische Gnadenbild (sitzende Madonna mit Kind, um 1430), das den Altarraum dominiert.

### ▸ Seffersbachbrücke

Die Seffersbachbrücke ist die letzte erhalten gebliebene Hängegurtbrücke nach dem

*Das große Mühlrad am Seffersbach erinnert an die Mühlen.*

System Möller im Saarland und wurde 1901 gebaut. Auch wenn sich das System nicht durchsetzen konnte, zeigt die Brücke die Ansätze des Baustoffes Stahlbeton. 🌐 www.merzog.de/tourismus/sehenswertes/sehenswuerdigkeiten/seffersbachbruecke

### ▶ B-Werk Hilbringen
Das von 1938 bis 1939 zwischen Merzig und Besseringen erbaute B-Werk liegt unmittelbar an der Zufahrtsstraße zur Bundeswehrkaserne „Auf der Ell". Es ist das einzige dieser 32 B-Werke des Westwalles, das den Zweiten Weltkrieg und die Zerstörungen durch die Besatzungsmächte unbeschadet überstanden hat. Die weitläufige Bunkeranlage wurde in ehrenamtlicher Arbeit renoviert und dient als Mahnmal gegen den Krieg.

**Informationen:** Verein für Heimatkunde Merzig, Schweizer Str. 8, 66663 Merzig 📞 06835/3654
Öffnungszeiten Apr–Sept: So und an Feiertagen 14.00–18.00 Uhr

### ▶ Steine an der Grenze
Über 30 Werke eines internationalen Bildhauersymposiums sind entlang des Weges zwischen Büdingen und Wellingen auf der deutschen sowie zwischen Waldwisse und Launstroff auf der französischen Seite aufgestellt. Sie symbolisieren die Freundschaft zwischen Deutschland und Frankreich.

### ▶ Paul-Schneider-Steine
Auf dem Bietzer Berg stehen Skulpturen des Bildhauers Paul Schneider, der 1978 nach Bietzen kam und dort von der Bevölkerung sehr gut aufgenommen wurde. Aus Dankbarkeit widmete der Künstler ihnen seine Werke, die er zwischen 1984 und 1996 schuf.

### ▶ Steine und Pflanzen am Wasser
1998 schufen Bildhauerinnen und Bildhauer fünf Skulpturen, die auf 4 km Länge entlang des Leinpfades an der Saar zwischen der Bietzener Heilquelle und der Merziger Saarbrücke aufgestellt wurden und sich auf die Themen „Wasser" und „Pflanzen" beziehen.

## Museen

### ▶ Feinmechanisches Museum Fellenbergmühle
Eine industriegeschichtliche Rarität ist die immer noch betriebsfähige, feinmechani-

sche Werkstatt der Fellenbergmühle, die 1927 in der bereits 1797 gegründeten ehemaligen Mahlmühle eingerichtet wurde. Hergestellt wurden Werkzeuge für Uhrmacher und Arbeitsgeräte für Goldschmiede. Darüber hinaus werden die Geschichte der Mühle sowie die Lebens- und Arbeitswelt zu Beginn des 20. Jahrhunderts sowie der Übergang vom Handwerk zur industriellen Produktion dargestellt.
**Adresse:** Marienstr. 34, 66663 Merzig
06861/85-499
Öffnungszeiten: täglich 14.30–17.00 Uhr und nach Vereinbarung

#### ▸ Museum Schloss Fellenberg

Das Anwesen wurde nach 1858 von dem Schweizer Wilhelm Tell von Fellenberg aus einer Mühle zu einem repräsentativen Schloss umgebaut. Heute gehört es dem Landkreis Merzig-Wadern. In ihm ist das Kreisheimatmuseum untergebracht. Außerdem finden in den Räumlichkeiten kulturelle Veranstaltungen statt.
**Adresse:** Torstr. 45 a, 66663 Merzig
06881/7930-30 und -31
www.museum-schloss-fellenberg.de
Öffnungszeiten: Di–So, an Feiertagen 14.00–17.00 Uhr und nach Voranmeldung

#### ▸ Expeditionsmuseum Werner Freund

Werner Freund (1933–2014) erforschte nicht nur das Verhalten von Wölfen, sondern auch das von Ureinwohnern in Afrika, Asien, Papua-Neuguinea und Südamerika. Mehrere Hundert Exponate und eindrucksvolle Fotografien zeigen heute im Expeditionsmuseum Werner Freund das Leben im Dschungel.
**Adresse:** Propsteistr. 4, 66663 Merzig
06881/85-330

Öffnungszeiten Feb–Dez: So 14.00–18.00 Uhr, während der Ferien auch Do 14.00–18.00 Uhr

## Freizeit und Natur

#### ▸ Wandern und Rad fahren

Merzig verfügt über ein rund 300 km langes Wanderwegenetz, das durch ausgedehnte Wälder, die Saaraue und über die Höhen des Saargaus führt und zahlreiche Abwechslungen bietet. Die gut markierten Wege sind zwischen fünf und 80 km lang. Mit dem Wolfsweg und dem Bietzerberg sind auch zwei Premiumwanderwege ausgewiesen. Darüber hinaus gibt es auch einen Nordic-Walking-Park.
www.merzig.de/tourismus/wandern

Merzig ist auch Ausgangspunkt für ausgedehnte Radtouren, wozu u.a. die Grenzland-Tour (34 km), die Saarschleifen-Tour (34 km) und die Saargau-Runde (34 km) einladen. Es bestehen zwei Möglichkeiten, Fahrräder auszuleihen. E-Bikes können am Schwimmbad kostenlos aufgeladen werden.
www.merzig.de/tourismus/radwandern

#### ▸ Wolfspark Werner Freund

Über 30 Jahre lebte Werner Freund als „Wolf unter Wölfen". Er teilte ihren Alltag und hat jeden der Wölfe mit eigener Hand großgezogen. So gewann er das Vertrauen der verschiedenen Rudel. Nicht das Tier hat sich – wie beim Hund üblich – dem Verhalten seines Herrn angepasst. Werner Freund war es, der in jahrelangen Feldstudien die sozialen Strukturen innerhalb der Rudel erforscht und verstanden hat. Der von ihm eingerichtete Wolfspark wird von seiner langjährigen Mitarbeiterin Tatjana Schneider weitergeführt.

**Adresse:** Waldstr. 204, 66663 Merzig

📞 0171/7496999

Öffnungszeiten: täglich

🌐 www-wolfspark-wernerfreund.de

### ▶ Garten der Sinne

Rund drei ha groß ist der Garten der Sinne auf dem Kreuzberg. In elf verschiedenen „Gartenzimmern" mit unterschiedliche Themen sollen die Besucher mit all ihren Sinnen Natur erfahren. Dazu werden verschiedene Veranstaltungen angeboten, z.B. die Rosentage im Juni und der „Garten im Licht" im Juli.

**Adresse:** Ellerweg 11, 66663 Merzig

📞 06881/911-068

🌐 www.garten-ohne-grenzen.de

Öffnungszeiten 1. Apr–14. Mai und 16. Sept–31. Okt: Di–Fr von 9.00–17.00 Uhr sowie an den Wochenenden und Feiertagen 11.00–17.00 Uhr

Öffnungszeiten 15. Mai–15. Sept: Di–So 9.00–19.00 Uhr

### ▶ Bäder

Merzig verfügt über zwei bemerkenswerte Bäder. Zum einen über das Naturbad Heilborn am Fuße des Kreuzberges. Funde deuten darauf hin, dass bereits die Römer das Wasser für ihre Badekultur genutzt haben. Das heutige Bad entstand 1934/1935 und wurde 2008 umfangreich saniert.

Sport und Erlebnis, Gesundheit, Kurse und vieles mehr rund um die Wasserwelt bietet „Das Bad".

**Adresse:** Saarwiesenring 3, 66663 Merzig

📞 06881/77073-0

🌐 www.dasbadmerzig.de

### ▶ Kletterhafen Merzig

Freunde des Kletterns können sich im Kletterpark und Hochseilgarten austoben. Er ist bislang der größte Europas und bietet zwölf Parcours an.

**Adresse:** Saarwiesenring 10, 66663 Merzig

📞 06861/9164055

🌐 www.kletterhafen.de

### ▶ Trampolini Indoorpark

Auf 2500 Quadratmeter können sich Kinder bis zu 14 Jahren nach Herzenslust austoben Zur Verfügung stehen ihnen mehrere Trampoline, Hüpfburgen, ein Fußballfeld, ein Klettergerüst und weitere Kletterattraktionen. Auch Erwachsene haben Zugang zu allen Geräten. Sie können sich aber auch die Zeit im Café des Parks vertreiben.

**Adresse:** Saarwiesenring 8, 66663 Merzig

📞 06861/939940

🌐 www.trampolini.de

### ▶ Weitere Angebote

Stadtpark mit Saline und Bouleplatz
Clemens-Holzmeister-Kirchen
Evangelische Kirche
Tierpark
Jachthafen
Skateboardanlage
22 Tennisplätze
Reitplätze und -hallen
Angeln

### ▶ Besondere Veranstaltungen und Feste

Zu einem kulturellen Mittelpunkt weit über die Stadtgrenzen hinaus hat sich der Zeltpalast mit zahlreichen Veranstaltungen entwickelt.

🌐 www.musik-theater.de

Alljährlich am ersten Samstag im Oktober findet das Viezfest in der Innenstadt statt. Viez, das ist ein Apfelwein. Mit dabei sind auch die Viezkönigin und ihre beiden Prinzessinnen, die jedes Jahr am dritten Samstag im September gekrönt wird.

# Mettlach

**(Kreis Merzig-Wadern)**

Im Jahre 676 baute der fränkische Herzog und spätere Bischof von Trier, Lutwinus, in dem heutigen Mettlach eine Abtei. Ihr folgte um 990 eine Marienkapelle von Abt Lioffin. Sie steht heute noch als „Alter Turm" und ist das älteste noch erhaltene Bauwerk des Saarlandes. 1809 erwarb Jean-Francois Boch die Abtei, die seither Sitz der Keramikfirma Villeroy & Boch ist. Seit 1951 überspannt die einzige Hängebrücke die Saar. 1974 wurden zehn Ortsteile zur Gemeinde Mettlach zusammengeschlossen, die rund 12.000 Einwohner zählt.

**Tourist-Info Mettlach**
**Freiherr-vom-Stein-Str. 22**
**66693 Mettlach**
 **06864/ 8334**
 **www.touristinfo-mettlach.de**

## Sehenswertes

### ▸ Ehemalige Benedektinerabtei
Der Barockbau aus dem 18. Jahrhundert beherrscht noch heute von der Saar her gesehen das Ortsbild von Mettlach. Dem heutigen Fabrikgebäude schließt sich ein Park

an, der öffentlich zugänglich ist. Hier steht der Alte Turm. In Form eines Oktogons wurde er dem Aachener Dom nachempfunden. Der große Bogen an der Eingangsseite stammt noch aus der ottonischen Zeit, die sieben anderen Seiten wurden während der Gotik umgebaut. Das Treppentürmchen an der Seite war im vorigen Jahrhundert eingestürzt, wurde aber wieder von Eugen von Boch restauriert, von dem auch das flache Zeltdach stammt. Bis 1794 war der Alte Turm die Grabkirche von Lutwinus, dem Schutzheiligen von Mettlach.

### ▸ Lutwinus-Kirche
Die Lutwinus-Kirche gleicht eher einem Dom als einer Dorfkirche. Sie wurde von 1899–1902 im neuromanischen Stil gebaut. In ihrem Innern ist sie reichlich mit Mosaikbildern verziert. Zu sehen ist auch ein Kreuzreliquiar aus dem Jahr 1228 sowie eine Altarmensa aus dem 10. Jahrhundert.

### ▸ Lutwinus-Kapelle
Sie liegt zwischen Mettlach und Saarhölzbach auf dem linken Saarufer und dient heute dem Gedenken an den Schutzheiligen von Mettlach sowie als Ruhepunkt für Wanderer und Radfahrer.

### ▸ Schloss Saareck
Schloss Saareck entstand zwischen 1901 und 1903 im Auftrag von René von Boch-Galhau. Es ist Schloss Gondorf an der Mosel nachempfunden und war Wohnsitz der Familie Boch, Lazarett, Verwaltung während der französischen Besatzung. Von 1904 bis zu Beginn des Zweiten Weltkrieges diente es als Gästehaus der Familie Boch. Im Park steht zudem das ehemalige

*Zur jeder Jahreszeit präsentiert sich die Saarschleife als das Schaufenster des Saarlandes.*

Boch'sche Privatgestüt von 1854, das Eugen von Boch bauen ließ – das erste seiner Art in der preußischen Rheinprovinz.

▶ **Kapelle St. Joseph**
Die Kapelle St. Joseph stand ursprünglich in Wallerfangen, wo sie als Schlosskapelle diente. Sie wurde 1868 gebaut. Da die in Mettlach ansässigen Schwestern der Borromäerinnen eine eigene Kirche benötigten, ließen die Eigentümer, Eugen von Boch und seine Frau Octavie, geb. Villeroy, die Hauskapelle nach Mettlach verschiffen. Dort wurde sie bis 1879 über einer neu geschaffenen Familiengruft der von Bochs wieder aufgebaut. Der hohe fünfachsige Saal erinnert an die Sainte Chapelle in

Paris. St. Joseph wurde aufwendig in neogotischen Formen gestaltet und ist auch im Inneren repräsentativ ausgestattet.
**Adresse:** Bahnhofstr. 9, 66693 Mettlach

▶ **Burgruine Montclair**
Auf dem Bergrücken, der von der Saar in einer Schleife umflossen wird, erhebt sich die Burgruine Montclair. Die Burganlage entstand um das Jahr 1000 und wurde mehrfach zerstört und wieder aufgebaut. Seit 1991 ist der Landkreis Merzig-Wadern der Besitzer der Burgruine, die inzwischen saniert wurde und wieder besichtigt werden kann. Im Burgkeller befindet sich das Burgmuseum. Von den Türmen aus genießt man eine weite Aussicht.

*Die Burgruine Montclair befindet sich auf einem Bergrücken, der von der Saar umflossen wird.*

📞 06861/80-235
🌐 www.burg-montclair.de
Öffnungszeiten ab März: an den Wochenenden 11.00–16.00 Uhr,
Öffnungszeiten ab April: Di–So 11.00–18.00 Uhr, jeden ersten Sa im Monat kostenlose Gespensterführung für Kinder und nach Vereinbarung

### ▸ Baumwipfel-Pfad auf der Cloef

Im Juli 2016 wurde der Baumwipfel-Pfad in Orscholz eröffnet. Er beginnt am Cloef-Atrium. Auf 1250 m Länge schlängelt er sich in 23 m Höhe über die Bäume. Unterwegs informieren Tafeln über die Lebensgemeinschaft Wald und die Saarschleife. Der Pfad führt zu dem 42 m hohen Aussichtsturm, von dessen Plattform aus man eine weite Aussicht über die Saarschleife und darüber hinaus genießt.
**Adresse:** Baumwipfelpfad Saarschleife, Cloef Atrium, 66693 Mettlach-Orscholz
📞 06865/1864811
🌐 www.baumwipfelpfad-saarschleife.de

*Nervenkitzel und weite Aussichten bietet der Baumwipfelpfad mit seinem Aussichtsturm.*

### ▸ Aussichtspunkt Cloef

Unterhalb des Aussichtsturms befindet sich der Aussichtspunkt Cloef. Seit vielen Jahrzehnten gewährt sie ihren Besuchern als „das Schaufenster des Saarlandes" einen kostenlosen Ausblick über die Saarschleife. Hier umfließt die Saar auf gut 11 km Länge einen Bergrücken aus Taunusquarzit.

### ▸ Vogelfelsen Saarhölzbach

Der Vogelfelsen oberhalb von Saarhölzbach bietet eine weite Aussicht über das Saartal. Weitere Sehenswürdigkeiten sind der Teufelsschornstein, die Kreuzkupp und das Kriegerdenkmal.

### ▶ Dreisbach

Dieser Ortsteil wird gerne wegen seiner Fähre „Welles" aufgesucht, die über die Saar zur Burgruine Montclair übersetzt. Sehenswert sind auch die kleine Nikolauskapelle und die Nikolausstatue. In früheren Zeiten baten hier die Schiffer ihren Schutzheiligen, dass er sie und ihr Schiff wohlbehalten durch den Welles, eine gefährliche Untiefe, bringen möge.

### ▶ Tünsdorf

Im Ortsteil Tünsdorf siedelten bereits die Römer. An den einstigen Reichtum des Dorfes erinnern noch einige schöne Bauernhäuser, zwei Kapellen aus dem 17. Jahrhundert und ein barockes ehemaliges Kloster.

## Museen

### ▶ Keramikmuseum Mettlach/Keravision

Das Keramikmuseum Mettlach zeigt mit den Sammlungen Villeroy & Boch über 250 Jahre Firmengeschichte. Die Ausstellung folgt einem modernen Konzept und umfasst Stücke vom ausgehenden Barock bis in die heutige Zeit. Vor Eintritt in das Keramikmuseum erlebt der Besucher eine Keravision.
**Adresse:** Erlebniszentrum von Villeroy & Boch, Saaruferstraße, Alte Abtei, 66693 Mettlach
📞 06864/811020
🌐 www.villeroyboch-group.com
Öffnungszeiten: Mo–Fr 9.00–18.00 Uhr, Sa und So 9.30–18.00 Uhr

### ▶ Cloef-Atrium Orscholz

Ständig wechselnde Kunstausstellungen bietet das Cloef-Atrium in Orscholz an, dazu auch Konzerte und Theater, Messen und Sport-Events.
🌐 www.cloef-atrium.de

## Natur und Freizeit

### ▶ Wandern und Rad fahren

Die Gemeinde Mettlach besitzt ein umfangreiches Netz an Wanderwegen. Allen voran ist der 16 km lange Rundwanderweg um die Saarschleife zu nennen. Er führt von Mettlach über die Burgruine Montclair und die Cloef wieder zurück zum Ausgangspunkt. Von Mettlach nach Saarhölzbach zum Vogelfelsen geht es auf dem 15 km langen Vogelfelsen-Wanderweg. Ein weiterer gerne begangener Weg ist der Rundwanderweg Bonnerbachtal, der zur Cloef hochführt.
Radwanderer begeben sich auf den Saarland-Radweg, der sie die Saar entlang nach Taben-Rodt und von dort aus ins Dreiländereck Deutschland, Frankreich und Luxemburg führt.
Ein ausführlicher Katalog mit vielen weiteren Wander- und Radfahrvorschlägen kann unter 🌐 www.saarschleifenland.de heruntergeladen werden.

### ▶ Personenschifffahrt

Mettlach besitzt auch eine Anlegestelle für die Personenschifffahrt. Sie befindet sich direkt unterhalb der Alten Abtei. Von hier aus bieten während der Saison (Mai–Sep) mehrere Schiffe Fahrten um die Saarschleife und nach Saarburg an.
🌐 www.saarflotte.de

# Nalbach

**(Kreis Saarlouis)**

Nalbach wurde als „Nagelbach" erstmals um 950 in einer Mettlacher Wallfahrts- urkunde des Trierer Erzbischofs Ruotbert erwähnt. Sie liegt im Tal der Prims am Fuße des 418 m hohen Litermonts. Die vier Ortsteile haben sich 1974 zur Ge- meinde Nalbach zusammengeschlossen und zählen rund 9000 Einwohner.

**Gemeinde Nalbach**
**Rathausplatz 1**
**66809 Nalbach**
**Telefon: 06838/90020**
**Internet: www.nalbach.de**

## Sehenswertes

### ▸ Primsaue bei Bilsdorf

Die Prims durchzieht als breite Flussaue die Gemeinde Nalbach. Sie wird vor allem im Ortsteil Bilsdorf durch die naturnahen Auewälder und die älteren Teichanlagen geprägt. Sie vermittelt den Anglern und Wanderern ein Refugium der Ruhe. Besonders für naturverbundene Wanderer bietet sich ein Landschaftsbild, das es in dieser Ausprägung nur noch weit ab von den Ballungsräumen gibt. Und wenn die Planung des Primsradweges erst realisiert ist, können Freizeitradler vom Saar-Rad- Weg bei Dillingen bis zum Nonnweiler Stausee einen der schönsten saarländi- schen Radwege genießen.
Der Angelsportverein Bilsdorf hat hier die Weiheranlage neu gestaltet, die zu Rast und Ruhe einlädt.

*Erholung und Entspannung bietet die Primsaue mit ihren zahlreichen Altgewäs- sern und Teichen.*

### ▸ Michaelskapelle in Körprich

Seit ihrer Grundrenovierung von 1985– 1987 dient die Michaelskapelle sowohl als Andachtsstätte der Körpricher Gläubigen, als auch Gedenkstätte für die Gefallenen der beiden Weltkriege.
**Adresse:** Kapellenstr./Ecke Waldstr., 66809 Nalbach-Körprich

### ▸ Weidendom auf dem Litermont

Auf dem Plateau des Litermonts steht der Weidendom. Er ist eine natürliche Pflan- zung. 400 Weiden und 300 Birkenstämme bilden eine Kuppelkonstruktion mit einem Durchmesser von zehn Metern und bieten einen freien Blick in den Himmel. Er ist das größte lebende Bauwerk im Saarland. Neun Hauptsäulen bieten neun Eingangs- portale. Durch die räumliche Nähe zum Gipfelkreuz, zu dem jedes Jahr Hunderte von Gläubigen pilgern, wurde ein Ort der Ruhe und Eintracht geschaffen.
Die Gemeinde Nalbach bietet allen heirats- willigen Paaren ein „Trauzimmer" der ganz

besonderen Art. In luftiger, einzigartiger Umgebung genießen nicht nur die Braut-leute „Natur pur" und einen weiten Blick. Vom 1. Mai bis 30. September haben Brautpaare die Möglichkeit, diese Art der Zeremonie zu wählen, ganz egal, woher sie kommen – allerdings muss der Faktor Wetter immer mit eingeplant werden.

### ▶ Optische Telegrafenstation

1813 entstand auf dem Litermont durch Napoleon eine optische Telegrafenstation, die allerdings 1814 durch die Preußen schon wieder zerstört wurde. Im Jahre 2000 gründete sich der Förderverein „Optische Telegrafenstation Litermont e.V.", der die jetzige Station nachgebaut hat. Der Anlage liegen die historischen Baupläne zugrunde. Sie ist betriebsfertig, sodass die Funktionsweise des Telegrafen im Rahmen einer Besichtigung vorgeführt werden kann. Statt eines Eintrittsgeldes wird um eine Spende gebeten.

📞 06838/81499, Ansprechpartner: Reinhard Harge
Öffnungszeiten: jeden So von Apr–Okt 15.00–18.00 Uhr nach Terminabsprache

## Museen

### ▶ Alte Schmiede Piesbach

Die Alte Schmiede in der Hauptstraße 87 wurde zu Beginn des 19. Jahrhunderts von Jakob Becker gegründet. Sein Sohn Johannes schmiedete 1852 das Litermont-kreuz. Die Alte Schmiede war lange Zeit der Mittelpunkt des Ortes. 1968 wurde sie geschlossen. Nach ihrer Renovierung 2006 wurde hier ein Museum eingerichtet, in dem auch das Schmiedehandwerk vorgeführt wird.

*Seit 1852 ziert das weithin sichtbare Kreuz den 414 m hohen Litermont.*

📞 06838/87969, Ansprechpartner: Josef Mees
Öffnungszeiten: nach Vereinbarung

### ▶ Litermontmuseum

Das Litermontmuseum liegt am Fuße des Litermonts. Es ist in einem ehemaligen Westwallbunker untergebracht, in dem auch der Gefallenen des Zweiten Weltkrieges gedacht wird. Daneben wird der Litermont mit seiner Sagenwelt vorgestellt. Im angrenzenden Geschichtspark sind landwirtschaftliche Geräte des letzten Jahrhunderts ausgestellt. .
**Adresse:** Am Waldparkplatz
📞 06838/83504
Öffnungszeiten: im Sommer 14.00–16.00 Uhr nach Voranmeldung

## Freizeit und Natur

### ▶ Wandern und Rad fahren

Als Wanderziel steht der sagenumwobene Litermont an erster Stelle. Zu ihm hoch führt die Litermont-Gipfel-Tour, die 2007 vom Deutschen Wanderinstitut zum „schönsten Wanderweg Deutschlands" gekürt wurde. Der Rundweg ist neun km lang und anspruchsvoll. Dafür genießt man unterwegs eine abwechslungsreiche Landschaft sowie auf dem Gipfel eine weite Aussicht ins Saartal bis rüber nach Frankreich. Der Weg wurde 2016 vom deutschen Wanderinstitut mit 94 Erlebnispunkten zertifiziert. Dies ist in der Kategorie „Mittelgebirgswege" eine der derzeit höchsten Bewertungen in Deutschland. Der Hirtenweg ist ein fast sechs km langer Rundwanderweg. Start und Ziel ist zwischen dem Tennisheim und dem Waldparkplatz, an der ehemaligen Wassertrete. Die Wanderstrecke führt über den Weg der Schweinehirten im 19. Jahrhundert zum Fütterungsplatz der Schweine in die ehemalige Eichenkultur, über felsiges Vulkangestein im historischen Steinbruch und vorbei an dem wieder aufgebauten Maschinenhaus-Museum. Der Höhepunkt der Tour ist der Aufstieg zum Litermont-Gipfel. Zurück geht es durch den Kletterwald mit dem Waldgeist Monti vorbei am Walderlebnispfad zum Ausgangspunkt.
Der rund 2,5 km lange Walderlebnispfad ist für Eltern und Kinder in ein bis zwei Stunden zu entdecken. Er ist täglich geöffnet und für jedes Kinderalter geeignet.
🌐 www.nalbach.de

*Ganz mutige und sportliche Wanderer benutzen die Himmelsleiter beim Auf- und Abstieg des Litermonts – sofern sie frei gegeben ist.*

# Namborn

## (Kreis St. Wendel)

Funde bezeugen, dass auf dem Gemeindegebiet von Namborn bereits die Kelten und Römer siedelten. Das Wahrzeichen der Gemeinde, die Liebenburg, wurde erstmals 1220 urkundlich erwähnt. Von ihrem Turm aus genießt man einen weiten Blick über die Gemeinde und das St. Wendeler Land, eine Mittelgebirgslandschaft im Naturpark Saar-Hunsrück. Namborn besitzt auch bedeutende Naturschutzgebiete, z.B. seit 1937 den Schlossberg zwischen den Gemarkungsgrenzen Hofeld und Eisweiler, mit das älteste im Saarland. 1983 kam das Naturschutzgebiet Weiherbruch-Rohrbachwiesen, Gemarkung Namborn, dazu. Hinzu kommen mehrere Naturdenkmäler. Namborn setzt sich seit 1974 aus zehn Ortsteilen mit rund 7200 Einwohnern zusammen.

**Gemeinde Namborn**
**Schlossstr. 13**
**66640 Namborn**
📞 **06857/9003-0**
🌐 **www.namborn.de**

## Sehenswertes

### ▶ Straße der Skulpturen

Der Straße der Skulpturen wurde 1971 von dem St. Wendeler Bildhauer Leo Kornbrust angeregt und zieht sich von St. Wendel

*Mit mehreren Skulpturen liegt Namborn an der Straße der Skulpturen, die von St. Wendel an den Bostalsee führt.*

bis an den Bostalsee. Auf 25 km Länge wurden zunächst 52 Skulpturen von 51 Künstlern aus zwölf Ländern aufgestellt. Bis 2010 kamen weitere hinzu. Die Straße der Skulpturen soll Völker miteinander verbinden sowie der Brüderlichkeit und Solidarität dienen.

### ▶ Liebenburg

Die Liebenburg mit ihrem weithin sicht- und besteigbaren Turm wurde Ende des 12. Jahrhunderts erbaut. Um das Jahr 1430 wurde die Burg erstmals zerstört, aber bald wieder aufgebaut. Nach der zweiten Zerstörung durch die Franzosen blieb sie jahrhundertelang eine Ruine, die von der Bevölkerung als Steinbruch genutzt wurde. Erst ab 1926 wurde damit begonnen, die Reste der Burg wieder freizulegen. In den

*Über Namborn erhebt sich die Liebenburg, die Ende des 11. Jahrhunderts gebaut wurde.*

70er-Jahren des vorherigen Jahrhunderts waren die Grundmauern, Gemächer und Zisternen aufgedeckt. Dabei wurden zahlreiche Funde gemacht. 1976 wurde der Turm wieder aufgebaut. Heute finden jährlich Burgführungen mit „Ritter Ludwig von Sötern" sowie alle zwei Jahre mittelalterliche Ritterspiele statt.

## Freizeit und Natur

### ▶ Wandern und Rad fahren

Ein der Natur angepasstes Netz von Wanderwegen führt zu Naturdenkmälern wie den „Drei Eichen" in Roschberg, der „Alten Linde" in Furschweiler und zur „Wendalinushöhle" in Baltersweiler, durch die Naturschutzgebiete Schlossberg und Weiherbruch-Rohrbachtalwiesen sowie an alten Wegkreuzen vorbei.
Der 12,8 km lange „Schmuggler-Pfad" ist als Premiumwanderweg ausgezeichnet. Er beginnt am Schützenhaus in Hofeld-Mauschbach. Er gibt Einblicke in die Naturvielfalt und zeigt kulturelle Hinterlassenschaften wie z.B. die Hügelgräber aus der Zeit 400 v. Chr. und Brandgräber der Römer aus der Zeit zwischen 50 v. Chr. und 350 n. Chr. Man begegnet alten Grenzsteinen, die mit „S" für Saargebiet und „D" für Deutschland die alte Grenze, wie sie von 1920 bis 1935 bestand, anzeigen.
Zwischen den Gemarkungsgrenzen Furschweiler und Gehweiler kann der Wanderer an der Wassertretanlage „Farthelborn" rasten. Sie zählt zu den schönsten im Kreis St. Wendel.
📞 06857/9003-25 oder -26
🌐 www.namborn.de oder
🌐 www.sankt-wendeler-land.de

### ▶ Besondere Veranstaltungen und Feste
Ritterspektakel auf der Burg im August
Kunst- und Hobbyausstellungen in der Liebenburghalle im November

*Die Alte Linde in Furschweiler ist ein Naturdenkmal.*

# Neunkirchen

### (Kreis Neunkirchen)

Neunkirchen ist mit rund 48 000 Einwohner die zweitgrößte Stadt im Saarland. Sie hat zehn Stadtteile und ist seit 1974 auch Kreisstadt. Funde im Kasbruchtal belegen, dass die Gegend bereits zur Römerzeit besiedelt war. Etwa im 10. Jahrhundert entstand im Bereich des heutigen Oberen Marktes eine Waldro-dungssiedlung. 1281 wurde Neunkirchen erstmals urkundlich erwähnt. Es entstand nämlich eine neue Kirche, die dem Ort den Namen „Neuenkirchen" gab. Von 1570–1752 stand in Neunkirchen auch ein Renaissance-Schloss, das danach von dem barocken Schloss „Jägersberg" bis 1770 abgelöst wurde. Neunkirchen war bis 1982 „die Stadt der Kohle und des Stahl". 1431 wurden erstmals „Ysenschmitten und Kohlengruben im Sinnerdale" benannt. 1592 errichten die Grafen von Ottweiler das erste Eisenwerk. 1868 übernahm Karl-Ferdinand Stumm das Neunkircher Eisenwerk. Als „König von Saararabien" hat er die Entwicklung Neunkirchens stark beeinflusst. Im 19. Jahrhundert wurden auch mehrere Gruben um Neunkirchen angehauen. Die letzte, die Grube König, wurde 1968 stillgelegt. Nach dem Ende der Kohlen- und Eisenzeit erlebte Neunkirchen einen starken Umbruch. Das alte Eisenwerk wurde teilweise abgerissen. Nur noch ein Rest blieb zur Erinnerung für die Nachwelt stehen und wird heute als Hüttenpark und Kulturort genutzt. Die Innenstadt wurde und wird immer noch saniert.

**Kreisstadt Neunkirchen**
**Stadtmarketing**
**Rathaus**
**Oberer Markt 16**
**66538 Neunkirchen**
📞 **06821/202-111**
🌐 **www.neunkirchen.de**

## Sehenswertes

### ▶ AHA – Altes Hüttenareal

Hüttenpark und Hüttenweg bilden zusammen das „AHA – Altes Hüttenareal". Dort kann man die Reste des alten Eisenwerkes erleben. Der Rundweg ist immer zugänglich und besteht aus 15 Stationen, deren Tafeln über das Eisenwerk, seine Gebäude und Einrichtungen sowie über die Arbeit informieren. Besonders sehenswert sind die denkmalgeschützten Meisterhäuser in der Königstraße, der 52 m hohe Hochofen, die Winderhitzer, das Gebläsehaus, der Wasserturm, die Stumm'sche Reithalle, der Hammergraben, der Spitzbunker, die Stumm'sche Kapelle und der Parkweiher. Ausführliche Informationen findet man in der Broschüre „Neunkircher Hüttenweg", zum Downloaden unter
🌐 www.neunkirchen.de/tourism-leisure/huettenweg.
Von März–Oktober finden jeden ersten und dritten Sonntag im Monat um 15 Uhr Führungen statt. Treffpunkt: Stumm'sche Reithalle.

*Bei Nacht wird der Hüttenpark beleuchtet.*

*Blick auf Neunkirchen mit der Marienkirche.*

▶ **Ehemalige Steinkohlengruben**
Jahrhundertelang wurde in und um Neunkirchen nach Steinkohle gegraben. Davon
zeugen die Gruben König, Heinitz, Dechen,
Kohlwald und Wellesweiler. In Heinitz in
der Werkstraße ist zudem die 1904/05 im
Jugendstil errichtete Kokereigas-Maschi-
nenzentrale zu sehen. Zu den ehemaligen
Standorten führt der Grubenweg. Die Broschüre dazu ist beim Amt für Öffentlich-
keitsarbeit erhältlich: Telefon: 06821/202-
329 oder -122

## Museen

▶ **KULT. Kulturzentrum Neunkirchen**
Im KULT.Kulturzentrum Neunkirchen im
ehemaligen Bürgerhaus sind auch die
Städtische Galerie und das Hüttenmu-
seum untergebracht. In der Städtischen
Galerie werden in wechselnden Ausstellungen die Werke regionaler und interna-
tionaler Künstler gezeigt. Das Hüttenmu-
seum stellt das ehemalige Eisenwerk und
seine Bedeutung für die Entwicklung der
Stadt heraus.
**Adresse:** Marienstr. 2, 66538 Neunkirchen
Öffnungszeiten für beide Museen: Mi–Fr
10.00–18.00 Uhr, Sa 10.00–17.00 Uhr,
Sonn- und Feiertage 14.00–18.00 Uhr

## Freizeit und Natur

▶ **Wandern**
Fast die Hälfte der Fläche von Neunkirchen
besteht aus Wald. Von daher bestehen

dort reichlich Möglichkeiten zum Wandern. Der längste Weg ist mit 54 km der Neunkircher Rundwanderweg. Er kann aber auch in Etappen bewandert werden. Der Brunnenpfad im Stadtteil Hangard ist 15 km lang. Zusammen mit dem Schauinslandweg gehört er zu den Premiumwanderwegen. Darüber hinaus bieten sich elf weitere Halbtageswanderwege zwischen 7 und 12 km Länge an. Im Stadtteil Kohlhof lädt der Grenzstein-Wanderweg ein. Das Kasbruchtal mit seinem historischen Wanderweg führt auf 6 km Länge am römerzeitlichen Steinbruch, am Steinbruch „Opferstein", über die Jungfernstiege/Jungferntrapp zu den Felsgräbern. Darüber hinaus gibt es u.a. den Dreischleifenweg und Hirschbergweg bei Kohlhof, den Kohlengrubenweg bei Wellesweiler, den Malitzweg in Furpach, den Randsbachweg in Wiebelskirchen und den Zwölfweiherweg bei Heinitz.
🌐 www.neunkirchen.de/wandern.
Dort die Wanderbroschüre downloaden.

Für Radfahrer bietet sich der 45 km lange Neunkircher Rundweg an. Er führt von Sinnerthal über Wiebelskirchen, Hangard, Wellesweiler Niederbexbach, Kohlhof, Hofgut Menschenhaus, durchs Altseiterstal und Heinitz zurück zum Ausgangspunkt. Die Neunkirchenschleife ist rund 19 km lang und führt vom Spitzbunker über Wellesweiler, Furpach, Erlenbrunnen, durchs Altseiterstal bis zum Hüttenareal. 30 km lang ist der Gutsherrenweg von Furpach über Kirkel, am Glashütterweiher bei Rohrbach vorbei, Richtung Spiesen-Elversberg bis zurück nach Furpach.
🌐 www.neunklirchen.de/tourisim-leisure/radfahren

Radwegekarte unter 📞 06821/202-325 oder -122

▶ **Zoo Neunkirchen**
Rund 15 ha groß ist der Zoo Neunkirchen mit etwa 500 Tieren aus rund 100 Arten. Besondere Attraktionen sind die täglichen Vorführungen mit Greifvögeln durch ausgebildete Falkner. Für Kinder sind auch ein Streichelzoo und ein Spielplatz vorhanden.
**Adresse:** Neunkircher Zoo, Zoostr. 25, 66538 Neunkirchen
📞 06821/913632
🌐 www.neunkircherzoo.de
Öffnungszeiten März–Okt: täglich 8.30–18.00 Uhr
Öffnungszeiten Nov–Feb: 8.30–17.00 Uhr

# Schwimmbäder

▶ **Die „Lakei" – Das Neunkirchen Kombibad**
In der ehemaligen Lakeienschäferei zwischen Neunkirchen-Innenstadt und Furpach verfügt die Stadt über ein neues, modernes Hallen- und Freibad.
**Adresse:** Lakaienschäferei 1, 66538 Neunkirchen
📞 06821/9319890

▶ **Freibad Wiebelskirchen**
Ein weiteres Freibad befindet sich im Stadtteil Wiebelskirchen mit Wasserrutsche, Einmeter- und Dreimeter-Sprungbrett, Basketballanlage, Beachvolleyball-Platz, Erlebnisbecken mit Massageliegen, Wasserschaukel.
**Adresse:** Am Kirchberg, 66540 Neunkirchen
📞 06821/53130
Öffnungszeiten: in den Sommermonaten je nach Wetterlage täglich 8.00–18.00 bzw. 20.00 Uhr

**▸ Freibad Heinitz**
Moselschachtstr., 66538 Neunkirchen
📞 06821/7568
Öffnungszeiten: in den Sommermonaten
je nach Wetterlage täglich 10.00–18.00
Uhr

**▸ Besondere Veranstaltungen und Feste**
In den verschiedenen Kulturzentren der
Stadt finden zahlreiche kulturelle und
sportliche Veranstaltungen mit nationalen
und internationalen Künstlern statt.
📞 06821/202-325 oder -122
🌐 www.neunkirchen.de/kultur-veranstal
tungen oder 🌐 www.nk-kultur.de

*Die Reste der ehemaligen Neunkircher Eisen-
hütte sind als Denkmal erhalten geblieben.*

# Nohfelden

**(Kreis St. Wendel)**

Nohfelden liegt im Norden des Saarlandes im Nationalpark Hunsrück-Hochwald.
Das heutige Gemeindegebiet wurde
bereits sehr früh besiedelt, wie der 6000
Jahre alte Menhir in Walhausen und die
römischen Funde in Wolfersweiler bezeugen. Die Burg Nohfelden wurde um
1285 erbaut, ein Amt Nohfelden 1372
urkundlich erwähnt. Nohfelden und seine
13 Ortsteile gehörten im Laufe der Jahrhunderte verschiedenen Herrschaften an.
Sie bilden seit 1974 eine Gemeinde mit
rund 10 000 Einwohnern.

**Gemeinde Nohfelden**
**An der Burg**
**66625 Nohfelden**
📞 **06852/885-0**
🌐 **www.nohfelden.de**

## Sehenswertes

**▸ Burg Nohfelden**
Die Burg Veldenz, wie sie einmal hieß,
wurde 1285 von Ritter Wilhelm Bossel II.
vom Stein erbaut. Im Dreißigjährigen Krieg
wurde sie teilweise zerstört und danach
als Steinbruch genutzt. Der 20 m hohe
Bergfried wurde wieder aufgebaut. Von
seiner Plattform aus genießt man eine
weite Aussicht. Jedes Jahr finden rund um
die Burg Nohfelden zahlreiche Veranstaltungen statt, darunter auch der überregio-
nal bekannte Mittelaltermarkt.

*Der 20 m hohe Bergfried der Burg Veldenz wurde wieder aufgebaut.*

### ▸ Hinkelstein bei Walhausen

In der Nähe von Walhausen erhebt sich ein 6000 Jahre alter und 15 Tonnen schwerer Menhir, der im Volksmund auch „Hinkelstein" genannt wird. Der Sage nach soll unter ihm eine goldene Kutsche mit der Kriegskasse des Hunnenkönigs Attila begraben liegen.

### ▸ Sankt Nepomuk-Kapelle in Gonnesweiler

Die ursprüngliche St. Nepomuk-Kapelle wurde 1743 als Schlosskapelle gebaut. 1970 musste sie dem Bau einer Straße weichen. Sie wurde jedoch etwas versetzt neu gebaut und 2005 eingesegnet.

### ▸ Peterberg-Kapelle in Eiweiler

Bis etwa 1800 stand auf dem Peterberg in Eiweiler eine Kapelle zu Ehren Apostel Petrus als Wetterheiligen. 1983 entstand auf den Fundamenten die heutige Peterberg-Kapelle.

### ▸ Evangelische Kirche in Wolfersweiler

Die Kirche mit dem Turm aus dem 11. Jahrhundert ist eines der ältesten Bauwerke im Nordsaarland. Hier liegt auch Graf Kasper von Pfalz-Zweibrücken begraben, der zuvor 36 Jahre auf der Burg Nohfelden gefangen gehalten worden war. Die 1826 umgegossene Glocke soll laut Inschrift eine Stiftung Karls des Großen sein.

### ▸ Jagdschloss Bocksborn

Das Jagdschlösschen Bocksborn liegt an einem Waldteich in der Nähe von Nohfelden. Der Fachwerkbau stammt aus dem 18. Jahrhundert und befindet sich in Privatbesitz.

## Museen

### ▸ Museum für Mode und Tracht

Es ist das einzige Museum im Saarland, das sich mit Kleidung und den Kleidungsgewohnheiten unserer Vorfahren beschäftigt. Im September 2005 wurde es eröffnet und befindet sich im Alten Amtshaus an der Burg Nohfelden. Auf 123 m² sind rund 200 Exponate ausgestellt.
🌐 www.museum-nohfelden.de
Öffnungszeiten: Mi und So 14.00–17.00 Uhr, Führungen für Gruppen ab 10 Personen sind nach Vereinbarung auch außerhalb der Öffnungszeiten möglich.

# Freizeit und Natur

▸ **Freizeitzentrum Bostalsee**
Der 120 ha große Bostalsee besteht seit 1979. Zusammen mit den umliegenden Flächen bildet er ein 335 ha großes Freizeitzentrum, das größte im Südwesten Deutschlands. Es bietet eine Fülle von Aktivitäten wie z.B. Schwimmen, Surfen, Segeln, Tauchen, Rudern, Tretbootfahren, Angeln oder einfach nur Entspannen. Ein breiter Strand steht ebenso zur Verfügung wie zwei große Liegewiesen und ein Campingplatz. Um den Bostalsee finden das Jahr über zahlreiche Veranstaltungen statt, z.B. Märkte, Sportveranstaltungen, Heißluftballonfahren und ein Indianer-Powwow.
📞 06852/90110
🌐 www.bostalsee.de

*Der 120 ha große Bostalsee lädt auch zum Bootfahren und Segeln ein.*

▸ **Kunstzentrum Bosener Mühle**
Zwischen den Ortsteilen Bosen und Eckelhausen liegt das Kunstzentrum Bosener Mühle. Es bietet das ganze Jahr über zahlreiche Veranstaltungen, Kurse und Ausstellungen zu den bildenden Künsten, aber auch zur Mundart-Literatur an.

📞 06852/7474
🌐 www.bosener-muehle.de

▸ **Nahequelle Selbach**
Die Nahe, ein linker 112 km langer Nebenfluss des Rheins, entspringt oberhalb des Ortsteils Selbach. In der Nähe der Quelle befindet sich ein kleines Wildfreigehege sowie der Kinderpremiumwanderweg, speziell für Familien angelegt.

*Die Nahequelle bei Selbach.*

▸ **Golfpark Heidehof bei Eisen**
Der Golfpark Heidehof bei Eisen verfügt über eine 9-Loch-Anlage mit Übungsareal und drei öffentliche Spielbahnen.
📞 06852/991470
🌐 www.golfpark-bostalsee.de

▸ **Freizeitpark Neunkirchen/Nahe**
Der Freizeitpark Neunkirchen/Nahe bietet Minigolf, Autoscooter-Bahn, Aussichtsturm sowie große Spielflächen und -geräte für Kinder und Familien an.
📞 06852/82107 oder 7148

▸ **Wandern und Rad fahren**
Durch die Gemeinde führen zahlreiche Wanderwege, z.B. der Saarland-Rundwanderweg, der Panoramaweg St. Wendeler

Land und der Wanderweg rund um den Bostalsee. Links und rechts der Nahe gibt es ein umfangreiches Wanderwegenetz. Im weitläufigen Buchwald zwischen Nohfelden und Türkismühle sind die Wanderwege auch als Waldlehrpfade angelegt. Zwei Premiumwanderwege, der Bärenpfad und der Nahequelle-Pfad, bereichern das Angebot.

Gut beschilderte Radwege, darunter auch der Saarland-Radweg, laden auch die Radfahrer dazu ein, die Gemeinde mit herrlichen Aussichtspunkten zu erkunden. Ebenfalls sehenswert im Buchwald sind die 250 Jahre alten Lärchen, die größte Douglasie Südwestdeutschlands und der Köhler-Schaumeiler.
Geübte und ausdauernde Radfahrer begeben sich auf den Naheradweg. Er ist 120 km lang, beginnt an der Nahequelle in Selbach und am Bostalsee vorbei, führt er über Nohfelden entlang der Nahe bis zu ihrer Mündung in den Rhein in Bingen.

*Ritterturniere beim Mittelalterfest an der Burgruine in Nohfelden.*

# Nonnweiler

**(Kreis St. Wendel)**

Die Gemeinde Nonnweiler ist die nördlichste im Saarland und liegt teilweise im Nationalpark Hunsrück-Hochwald. Der keltische Ringwall auf dem Dollberg bei dem Ortsteil Otzenhausen belegt, dass die Gegend schon früh besiedelt war. Nonnweiler wurde erstmals 1182 beurkundet. Im 16. Jahrhundert begann die Gewinnung von Eisenerz und dessen Verhüttung. Holz und Wasserkraft waren reichlich vorhanden. Diese Zeit endete Mitte des 19. Jahrhunderts. Heute ist Nonnweiler heilklimatischer Kurort mit acht Ortsteilen und rund 8700 Einwohnern.

**Tourist-Info Nonnweiler**
**Trierer Str. 9**
**66620 Nonnweiler**
**Telefon: 06873/660-76**
**Internet: www.nonnweiler.de**

## Sehenswertes

▶ **Keltischer Ringwall und Keltenpark**
Der keltische Ringwall auf dem Dollberg wird volkstümlich auch als „Hunnenring" bezeichnet, was jedoch nicht zutrifft. Der Ringwall entstand bereits im 1. Jahrhundert v. Chr. als besiedelte Höhenfestung eines Fürsten des Stammes der Treverer. Die Gesamtlänge der Mauern beträgt 2,5 km. An seiner Basis maß der Nordwall 40 m und ist noch heute 12 m hoch. Am Fuße des Ringwalls entsteht der Keltenpark Otzenhausen. Derzeit besteht dieser

*Der keltische Ringwall war im 1. Jahrhundert v. Chr. eine Höhenfestung.*

aus einer Naturbühne sowie aus dem im Mai 2016 eröffneten Keltendorf. In den kommenden Jahren soll ein Besucherzentrum mit Infrastruktur für Ausstellungen und Gastronomie folgen.

📞 06873/660-19
🌐 www.keltenring-otzenhausen.de

### ▸ Talsperre Nonnweiler

Die Talsperre Nonnweiler ist von Wäldern umgeben. Mit ihrem 11,5 km langen Rundwanderweg lädt sie Radfahrer, Wanderer und Naturfreunde gleichermaßen ein. Mit einem Inhalt von ca. 20 Mio. m³ und einer Oberfläche von ca. 1 km² ist sie der größte Wasserspeicher des Saarlandes und des benachbarten Rheinland-Pfalz. Sie hält überschüssige Wassermengen der Prims zurück und dient der Trinkwassergewin-nung sowie der Stromerzeugung. Talsperrenverband Nonnweiler,

📞 06873/ 6011

*Die Talsperre Nonnweiler gehört zu den größten Wasserspeichern im Saarland und in Rheinland-Pfalz.*

### ▸ Planetenwanderweg an der Talsperre Nonnweiler

1996 wurde gemeinsam vom Talsperrenverband und der Gemeinde Nonnweiler entlang der Talsperre der Planetenwanderweg eingerichtet. Die einzelnen Stationen bestehen aus informativen Text- und Bildtafeln zur Erläuterung der maßstabsgerechten Planeten im Verhältnis 1:1 Milliarde. Ausgangspunkt ist am Staudamm. Die Gesamtwegstrecke beträgt 11,5 km. Mehrsprachiger Flyer zum Planetenweg gibt es unter ⊕ www.nonnweiler.de zum Downloaden.

*Rund um die Talsperre Nonnweiler führt der Planetenwanderweg mit Darstellungen der Planeten im Maßstab 1:1 Milliarde.*

### ▸ Sternwarte Peterberg

Auf dem 584 m hohen Peterberg bei Braunshausen steht seit 1997 eine Sternwarte, die auch von der Öffentlichkeit genutzt werden kann. Sie ermöglicht Einblicke in das Universum bis 5 Millionen Lichtjahre.

☏ 06873/915 55 oder 91556 während der Öffnungszeiten

⊕ www.sternwarte-peterberg.de

Öffnungszeiten: jeden ersten Sa im Monat Vortrag, Führung und Blick in den Sternenhimmel, Sept– März ab 19.00 Uhr, Apr– Aug ab 20.00 Uhr

### ▸ Historische Nagelschmiede

Das Handwerk des Nagelschmiedes hat im Hochwald eine lange Tradition. Die Historische Nagelschmiede informiert u.a. über die Entstehung des Nagelschmiedehandwerks, lässt den letzten Nagelschmied aus seinem Beruf erzählen und zeigt dessen Werkzeuge.

**Adresse:** Buchenweg 11, 66620 Nonnweiler-Sitzerath

⊕ www.nonnweiler.de/veranstaltungskalender

Öffnungszeiten: Apr–Nov 10.00–12.00 Uhr, genaue Termine unter ⊕ 06873/660

### ▸ Hochwalddom Nonnweiler

Wegen ihrer Größe wird die katholische Pfarrkirche St. Hubertus Nonnweiler auch als Hochwalddom bezeichnet. Sie wurde von 1900–1902 im spätgotischen Stil erbaut. Hier werden eine Rokokostatue des Hubertus von 1750, ein Kult- und Trinkhorn von 1182 sowie der sogenannte Hubertusschlüssel zum Ausbrennen von Bisswunden tollwütiger Tiere aufbewahrt.

### ▸ Industrie-Kulturdenkmal Mariahütte

Als Ensemble blieb die Mariahütte mit der alten Fabrikhalle, Villa, Herrenhaus und der Kapelle mit dem eisernen Brunnen aus

dem Jahr 1836 erhalten. Sie zeugt von der ehemaligen Eisenverhüttung im Hoch-wald.
**Adresse:** Ernst-Wagner-Str. 48, 66620 Nonnweiler-Braunshausen Besichtigungen von außen sind jederzeit möglich.

## Freizeit und Natur

▶ **Wandern und Rad fahren**
Im Nationalpark von Nonnweiler gibt es für Wanderer viel zu wandern und zu entdecken. Zwei Etappen des Saar-Huns-rück-Steiges führen nach Nonnweiler. Die Dollbergschleife führt an der Talsperre, am Züscher Hammer, einer alten Eisen-hütte, und am Keltenring vorbei. Die Hubertusschleife zieht durch Bachtäler und an der Talsperre vorbei. Die Primstaler Panoramaschleife bietet zahlreiche schöne Aussichten. Die Wadrill-Tafeltour lädt zum kulinarischen Wandern ein.
🌐 www.saar-hunsrueck-steig.de
Darüber hinaus bietet Nonnweiler meh-rere Lehr- und Erlebniswege an, z.B. die Ameisen-Erlebniswege in Schwarzenbach und Kastel, den Erlebnis-Panoramaweg Kastel, den Naturlehrpfad Otzenhausen sowie den Keltischen Skulpturenweg zwischen dem Keltenring und der Euro-päischen Akademie Otzenhausen. 18 Skulpturen stellen u.a. keltische Götter dar. Der Weg ist 6,5 km lang, gut beschildert und leicht zu begehen.
In Otzenhausen gibt es einen Nordic-Wal-king-Park mit 4 Touren.

Radfahrer können sich auch auf den Primsradweg, den Dr. Hanspeter-Georgi-Radweg, den Saarland-Radweg und den Ruwer-Hochwaldweg begeben. Für geübte Mountainbiker steht die 47 km lange und abwechslungsreiche MTB 4 Profi-Tour zur Verfügung.
🌐 www.nonnweiler.de (Wanderwege, Nordic Walking, Rad fahren und Moun-tainbike)

▶ **Freizeitzentrum Peterberg**
In Braunshausen erwartet die Besucher eine 1000 m lange Sommerrodelbahn mit 15 Steilkurven, Bögen, Schwüngen und Jumps. Im Rutschenparadies stehen drei unterschiedliche Rutschen zur Auswahl. Bei Nässe oder unbeständiger Wetterlage können die Anlagen aus Sicherheitsgrün-den geschlossen sein!
📞 06873/91134 (Bandansage)
Gruppenanmeldungen bei Tourist-Info Nonnweiler
📞 06873/660-31
🌐 www.freizeitzentrum-peterberg.de

## Schwimmbäder

▶ **Hallenbad Nonnweiler**
Das Hallenbad der Gemeinde Nonnweiler wurde vor wenigen Jahren nach einer vollständigen Sanierung neu eröffnet. Neben einem Schwimmbecken laden eine „Finnische Sauna", eine „Dampfsauna", ein „Whirlpool" sowie eine Kaminecke zum Relaxen ein. Es finden auch Aquakurse statt.
**Adresse:** Trierer Str. 2a, 66620 Nonnweiler
📞 06873/539

▶ **Naturfreibad Primstal**
Im Naturfreibad stehen für alle Altersgrup-pen die entsprechenden Badebereiche zur Verfügung. Das Wasser hat eine Tempera-

tur von ca. 24 Grad. Von 1050 m² Wasserfläche können ca. 50 m² als Planschbecken
von Kindern, ca. 450 m² von Nichtschwim-
mern und 550 m² von Schwimmern genutzt werden. Ergänzt wird der Badespaß
durch vielfältige Spielgeräte, eine groß
angelegte Liegewiese und ein Beachvolleyball-Feld.
**Adresse:** Naturfreibad Primstal, Am
Schwimmbad, 66620 Primstal,
☎ 06875/ 311

**▸ Weitere Angebote**
Minigolfanlage und Bouleplatz in Nonnweiler

**▸ Besondere Veranstaltungen und Feste**
Hochwälder Edelbrandtage im Apr/Mai
Hochwälder Kartoffeltage im Okt
Hochwälder Wildwochen im Nov
Hubertusmesse um den 3. Nov

# Oberthal

**(Kreis St. Wendel)**

Die Gemeinde Oberthal besteht seit 1974
aus vier Ortsteilen mit rund 6000 Einwohnern. Funde weisen darauf hin, dass
das Gemeindegebiet bereits im 3. Jahrhundert n. Chr. besiedelt war. 1263 wird
Osenbach urkundlich erwähnt. Zusammen mit Imweiler und Linden bildeten die
drei Ortschaften eine Dorf- und Bannge-
meinschaft. Erst ab 1798 lautet die amt-
liche Bezeichnung „Mairie Oberthal".

Gemeinde Oberthal
Poststr. 20
66649 Oberthal
☎ 06854/9017-0
🌐 www.oberthal.de

## Sehenswertes

**▸ Donatuskapelle Gronig**
Die Kapelle aus dem 18. Jahrhundert ist
ein dreiseitig geschlossener Bau mit Dach-
reiter. Der Altar der Kapelle steht heute
in der Pfarrkirche. Er ist mit Figuren der
Heiligen Donatus, Wendelinus und Augustinus ausgestattet. Neben dem Portal der
Kapelle steht ein Wegekreuz aus Sandstein
mit der Inschrift „Gronig 1836."

*In der Donatuskapelle Gronig werden die Hei-
ligen Donatus, Wendelinus und Augustinus
verehrt.*

**▸ Valentinskapelle mit „Gutem Brunnen"
und Kreuzweg**
Schon um 600 n. Chr. soll am Fuße des Leiß-
berges bei Güdesweiler eine Klause gestanden haben. In ihrer ursprünglichen Form
wurde die Valentinskapelle 1761–1764 von
dem Eremiten Johann Nonninger erbaut.

Sie war lange Zeit auch Wallfahrtsstätte. Mitte der 1990er-Jahre wurden die Fundamente und Teile des Mauerwerks freigelegt. Ein schlichtes Kreuz und ein einfacher Sandsteinhalter wurden errichtet. Neben der Kapelle entstand um 1785 der Kreuzbau. Daraus ist später die heutige Kapelle entstanden. Das in ihr aufgestellte Kreuz mit der Figur des Gekreuzigten sowie die Statuen von Maria und Johannes befinden sich heute hinter dem Hochaltar der katholischen Pfarrkirche in Güdesweiler. Der „Gute Brunnen" ist älter als die Valentinskapelle. Die Quelle ist überdacht. Ihr Wasser galt als Heilmittel gegen Augenkrankheiten. Um die Quelle ranken sich Sagen, u.a. dass Mädchen einen Mann zum Heiraten finden, wenn sie den vorgelagerten Stein betreten. Der Kreuzweg wurde erstmals 1808 von den Benedektiner-Mönchen aus Tholey errichtet und 1995 von dem Oberthaler Verein für Geschichte und Heimatkunde wiedererrichtet. Mit 14 steinernen Bildstöcken führt er von der katholischen Kirche Güdesweiler bis zur Valentinskapelle.

*Die Valentinskapelle wurde von 1761–1764 errichtet.*

### ▸ Wildfrauenhöhle
Auf dem Leißberg befindet sich die Wildfrauenhöhle. Dabei handelt es sich um einen ausgespülten Stein, der einem überdachten Unterschlupf gleicht. Der Sandstein lagerte sich vor 275 Millionen Jahren ab und zeichnet sich durch eine große Festigkeit aus. Er wurde von natürlichen Kräften aus seiner weichen Umgebung herausmodelliert.

*Die Wildfrauhöhle auf dem Leißberg.*

### ▸ Straße der Skulpturen
Die Straße der Skulpturen (s. Namborn) führt auch über das Gemeindegebiet von Oberthal, wo neun der Skulpturen zu sehen sind.

## Freizeit und Natur

### ▸ Wandern
Die Gemeinde Oberthal empfiehlt zwei besonders ausgewiesene Wanderwege. Der Rötelsteinpfad erinnert an die Tradition des Rötelgrabens in der Gemeinde. Rötel ist ein stark eisenoxidhaltiger und roter Ton. Der mittelschwer zu begehende Weg ist 14,5 km lang und kann am Schullandheim, an der Güdesweiler Kirche oder am Waldzeltplatz Kapellenwiese in Gronig begonnen werden. Wanderer blicken in das junge Nahetal, in die unter Naturschutz stehende Moorlandschaft „Oberthaler

Bruch" und über das Sankt Wendeler Land. Auf dem Momberg führt eine kurze Wegstrecke über den noch sehr gut zu erkennenden Ringwall, einer Befestigungsanlage aus der Keltenzeit. Grenzsteine stehen für geschichtliche Wandlungen und Grenzänderungen. Auch die Valentinskapelle (s.o.) liegt entlang des Weges.
Der 8,5 km lange Grenzsteinweg beginnt am Parkplatz der Kapellenwiese in Gronig. Der Weg folgt der Grenze, die zwischen 1920 und 1935 das Saargebiet (S) von Deutschland (D) trennte.

### ▶ Oberthaler Bruch
Die Niedermoorlandschaft „Oberthaler Bruch" mit ihren Wasserflächen steht seit 1984 unter Naturschutz. Mit 50 ha gehört sie zu den größten Naturschutzgebieten im Saarland und ist für Wanderer und Spaziergänger durch Wege gut erschlossen. Allerdings darf man diese Wege aus Gründen des Naturschutzes nicht verlassen. Das „Oberthaler Bruch" zeichnet sich durch eine große Artenvielfalt aus. Insgesamt wurden 212, zum Teil sehr seltene Pflanzenarten nachgewiesen. Hinzu kommen 81 Schmetterlings- und 50 Vogelarten. Die Gemeinde Oberthal hat den Weg zum „Oberthaler Bruch" als Waldlehrpfad angelegt. Auf farbigen Bildern werden Vögel in Wald und Flur, Bäume und Sträucher sowie Tiere des Waldes mit ihren Merkmalen und Lebensgewohnheiten vorgestellt.

### ▶ Besondere Veranstaltungen und Feste
Anfang Mai findet der große Oberthaler Töpfer- und Keramikmarkt mit zahlreichen deutschen und ausländischen Anbietern und einem abwechslungsreichen Kulturprogramm statt.

# Ottweiler

## (Kreis Neunkirchen)

Ottweiler geht auf die Gründung des Klosters Neumünster 871 zurück und wurde erstmals 1393 urkundlich erwähnt. Seine Blütezeit erlebte Ottweiler ab dem 13. Jahrhundert, wo die Grafen von Nassau-Saarbrücken begannen, den Ort auszubauen. 1550 wurde Ottweiler zur Stadt erhoben. Fürst Wilhelm Heinrich von Nassau-Saarbrücken ließ 1763 eine Porzellanmanufaktur errichten. Obwohl diese bereits 1800 wieder geschlossen wurde, genießt das Ottweiler Porzellan noch heute Weltruf. Die Stadt war bis zum 31.12.1973 auch Kreisstadt. Zwar ist dies heute das benachbarte, größere Neunkirchen, doch sind in Ottweiler viele Kreiseinrichtungen und der Kreistag verblieben. Die Stadt besteht aus fünf Stadtteilen mit rund 14 500 Einwohnern.

**Tourist-Info Ottweiler**
**Schlosshof 5**
**66564 Ottweiler**
📞 **06824/3511**
🌐 **www.ottweiler.de**

## Sehenswertes

### ▶ Historische Altstadt
Beim Rundgang durch die historische Altstadt gibt es viel zu entdecken. Auf kleinem Raum erlebt man eine mittelalterlich geprägte Stadtstruktur mit Bauwerken der Renaissance und des Barock. Schon von Weitem zu sehen ist der um 1410 errichtete Bergfried. Er dient heute als Glocken-

*Die historische Altstadt mit dem 1410 gebauten Bergfried im Hintergrund.*

und Aussichtsturm. Die ursprüngliche Kapelle wurde um 1756 durch F. J. Stengel zur Kirche umgestaltet. Davor breitet sich der Schloss- und Rathausplatz aus. Das 1717 erbaute Rathaus ist ein Fachwerkbau mit Dachreitern. Der Innenhof ist nach dem in Ottweiler geborenen Maler Johann Heinrich Schmidt, genannt Fornaro (1757–1828), benannt.

Am Schlosshof befindet sich das Hesse-Haus mit Sonnenuhr und dem Wappen von Nassau-Saarbrücken. Das Renaissancegebäude wurde um 1590 als Sitz der gräflichen Verwaltung erbaut. Hier wohnte einst der gräfliche Oberamtmann. Später wurde es nach einem Ottweiler Kaufmann benannt. Zu sehen sind auch noch

die Reste der ehemaligen Stadtmauer aus dem 15. Jahrhundert. Das mittelalterliche Ottweiler wurde von einer ringförmigen Stadtbefestigung umfasst. Tenschplatz und Tensch bilden ein Ensemble. „Tensch" war im Mittelalter das Wort für einen Weg über einen Weiherdamm. Damals war an dieser Stelle ein Weiher.

Die Pfarrkirche „Maria Geburt" in der Wilhelm-Heinrich-Straße ist eine klassizistische, rechteckige Saalkirche, die von 1832 bis 1834 erbaut wurde. Der Chor wurde um 1898 von Ernst Brand angefügt. Ebenfalls in der heutigen Wilhelm-Heinrich-Straße ließ 1759 Fürst Wilhelm Heinrich von Friedrich Joachim Stengel den barocken Sandsteinpalais als Witwensitz für seine Gemahlin Sophie Erdmuthe errichten. Das imposante Gebäude dient heute als Landratsamt.

Zwischen der Bliesstraße (B 41) und der Blies befindet sich in einem Rosengarten der Stengel-Pavillon. Ihn baute F.J. Stengel um 1758 für Fürst Wilhelm-Heinrich von Nassau-Saarbrücken. Das barocke Jagd- und Lustschlösschen sollte das verfallene Schloss ersetzen.

*Der Stengel-Pavillon dient im 18. Jahrhundert als Jagd- und Lustschlösschen.*

▶**Panoramaturm Betzenhübel**

Der 2013 errichtete Aussichtsturm bietet eine weite Fernsicht. Der Turm ist ganzjährig zwischen 8–20 Uhr begehbar. Die Aussichtsplattform ist 20 m hoch und über 120 Stufen erreichbar. Die Besucherzahl auf dem Turm ist auf maximal zwölf Personen gleichzeitig begrenzt. Zur Anfahrt der braunen Beschilderung „Steinbachpfad" folgen bis Parkplatz Sportplatz Steinbach. Vom Parkplatz sind es etwa 500 m über den „Steinbachpfad" bis zu Aussichtsturm.

**Adresse Parkplatz:** Zum Sportplatz, 66564 Ottweiler-Steinbach

▶**Alter Turm in Fürth**

Im Stadtteil Fürth steht der „Alte Turm", der auch „Römerturm" genannt wird. Er ist ein spätgotischer Satteldachturm und gehört zu einer im 18. Jahrhundert verfallenen Kirche. Von 1989–2004 wurde der Turm restauriert.

▶**Werns Mühle in Fürth**

Am Ortsausgang von Fürth in Richtung Hangard steht Werns Mühle. Sie war von 1841–1959 in Betrieb und eine der größten Ölmühlen im Saarland. Seit 1990 ist sie ein Museum, das das Müllerhandwerk und die Geschichte der Mühle vorstellt. Öffnungszeiten nach Vereinbarung unter
📞 06858/8249
🌐 www.oelmuehle-wern.de

## Museen

▶**Schulmuseum Ottweiler**

Die Atmosphäre vergangener Schulzeiten kann im Schulmuseum Ottweiler nachempfunden werden. Im Erdgeschoss befindet ein Schulsaal mit der originalen Ausstattung aus der Zeit von 1910–1950, im Dachgeschoss eine Lehrstube des 19. Jahrhunderts. In sieben weiteren Räumen sind Objekte rund um das Schulleben vom 16. bis zur Mitte des 20. Jahrhunderts ausgestellt. Dargestellt werden auch die damaligen Erziehungsmittel. Besonderheiten der saarländischen Schulgeschichte werden an Gegenständen und Schautafeln aufgezeigt.

**Adresse:** Goethestr. 13, 66564 Ottweiler
📞 06824/4649
🌐 www.cms.schulmuseum-ottweiler.net
Öffnungszeiten: Di und Do 10.00–17.00 Uhr, So 11.00–17.00 Uhr

*Im Saarländischen Schulmuseum kann man Schule von anno dazumal erleben.*

### ▶ Weitere Museen
Buchdruck-Werkstatt
Stadtmuseum
Bäckereimuseum
Insektenmuseum
Handwerkshof
Museumsapotheke
Heimatmuseum Steinbach

### ▶ Stadtführungen
In historischer Kleidung: jeden So um 15.00 Uhr ab Quakbrunnen (Schlosshof) von Anfang Apr bis Ende Okt (keine Führungen während des Altstadtfestes und der Kirmes)
Nachtwächterrundgänge durch die Altstadt: jeden Freitag um 21 Uhr ab Alter Wehrturm (ev. Kirche) von Anfang Apr bis Ende Okt (keine Führungen während des Altstadtfestes und der Kirmes)
In der Nebensaison auch nach Vereinbarung unter ☎ 06824/3511

## Freizeit und Natur

### ▶ Wandern und Rad fahren
Mehrere Rundwanderwege mit Längen zwischen 7 und 15 km laden dazu ein, Ott-
weiler und seine Umgebung zu entdecken. Vier Wanderwege sind Premiumwanderwege mit jeweils über 50 Erlebnispunkten. Diese Premiumwanderwege lassen sich teilweise miteinander kombinieren und ermöglichen so anspruchsvolle Ganztageswanderungen:
**Mühlenpfad** im Bereich Ottweiler und Fürth
**Steinbachpfad** Bereich Ottweiler-Steinbach
**Brunnenpfad** zwischen Ottweiler und Hangard
**Schauinslandweg** zwischen Ottweiler und Wiebelskirchen

Hinzu kommen mehrere Rundwanderwege und Fernwanderwege des Saarwaldvereines z.B. der Blieswanderweg, der Saar-Glan-Weg oder der Saarlandrundwanderweg, welche durch die Umgebung von Ottweiler führen.
Eine Wanderung lohnt sich auch durch das Naherholungsgebiet „Wingertsweiher". Karten und weitere Informationen unter
☎ 06824/3511
🌐 www.ottweiler.de/tourismus (Wandern)

Für Radfahrer bietet sich um Ottweiler das umgebende Saarland-Radwegenetz an: Der ausgeschilderte Altstadt-Mühlen-Radweg ist an den Saar-Nahe-Höhenradweg und den Saarland-Radweg angebunden. Ausgedehnte Rundtouren sind dadurch möglich. Für geübte Mountainbiker bietet sich der „Flowtrail Ottweiler" mit einer Länge von 2,5 km an.
🌐 www. flowtrail-ottweiler.de

**▸Weitere Angebote**
Freibad, Mainzweilerstr. 69,
📞 06824/3400
Minigolfanlage, Karl-Marx-Str. 45 gegenüber dem Freibad
📞 0163/9706936 oder
🌐 www.minigolf-ottweiler.info
Ostertalbahn (s. Freisen) und
🌐 www.ostertalbahn.de

# Perl

**(Kreis Merzig-Wadern)**

Die Großgemeinde Perl liegt im Dreiländereck Deutschland-Frankreich-Lu-
xemburg an der Mosel. Sie ist die einzige
Weinbaugemeinde des Saarlandes. Das
Gemeindegebiet wurde bereits von
den Kelten besiedelt. In Nennig und in
Borg hinterließen die Römer ein reiches
Erbe. Die ersten schriftlichen Zeugnisse
stammen aus dem 9. Jahrhundert. Perl
kam wie einige weitere Gemeinden im
Norden erst 1946 zum Saarland. Seit 1974
besteht die Gemeinde aus 14 Ortsteilen
mit rund 8000 Einwohnern.

**Verkehrsverein Nennig**
**Bübinger Str. 5**
**66706 Perl-Nennig**
📞 **06866/1439**
🌐 **www.nennig.de**

## Sehenswertes

**▸Römische Villa Nennig mit**
**Mosaikfußboden**
1852 stieß ein Bauer in Nennig beim
Ausheben einer Rübengrube auf Mosaik-
steinchen. Sie gehörten zu einem repräsentativen römischen Mosaikfußboden.
Der Boden lag wohl in der großen Emp-
fangshalle einer großen, prachtvollen „villa
urbana", Das rund 160 m² große Mosaik
beeindruckt durch seine lebendigen Darstellungen und gilt als das größte, schönste und best erhaltene nördlich der Alpen.
Um ein Wasserbecken sind sechs Achtecke
und ein Rechteck verteilt, welche Szenen
aus der römischen Kampfarena darstellen.
**Adresse:** Römerstr. 11, 66706 Perl-Nennig
📞 06866/1329
Öffnungszeiten März, Okt und Nov: Di–So
9.00–11.30Uhr und 13.00–16:30 Uhr
Öffnungszeiten Apr–Sept: Di–So 8.30–
12.00 Uhr und 13.00–18.00 Uhr, Dez–Feb
und Mo geschlossen

**▸Römische Villa Borg**
Vor etwa 100 Jahren entdeckte ein Lehrer
in Borg die Spuren einer römischen
Siedlung. Doch wurde mit den Ausgrabungen erst 1987 begonnen. Es handelt sich
hierbei um eine der größten römischen
Villenanlagen im Bereich von Saar und Mosel. Freigelegt und restauriert wurden der
Haupt und Repräsentationsbereich sowie
das Wohn- und Wirtschaftsgebäude sowie
das große Eingangstor, das Villenbad und
die Taverne. In einem Museum sind Fund-
stücke ausgestellt. Um die Villenanlage ist
ein römischer Garten, u.a. auch mit einem
Kräutergarten, angelegt. In der Taverne
wird römisch gekocht.

*Um die römische Villa Borg finden immer noch Ausgrabungen statt.*

**Adresse:** Im Meeswald 1, 66706 Perl
📞 06865/91170
🌐 www.villa-borg.de
Öffnungszeiten Feb, März, Nov., Dez: Di–So 11.00–16.00 Uhr
Öffnungszeiten Apr–Okt: Di–So und an Feiertagen 11.00–18.00 Uhr

### ▸ Palais von Nell in Perl

Das Wohnhaus des Palais von Nell wurde 1733 von Johann Marx und seiner Frau Elisabeth Arnoldi (siehe Eisenanker in der Hausfront) als Hofhaus des Trierer Dom-

*Mitten in Perl befindet sich das Palais von Nell mit dem vorgelagerten barocken Garten.*

kapitels errichtet. Ende des 18. Jahrhunderts wurde ein Kelterhaus angebaut. Eine imposante Eichen-Haustür mit Empireformen ziert das Gebäude. Die Familie von Nell war bis 1982 Eigentümerin des Hauses. Im Park von Nell wurde 1999 ein barocker Garten angelegt.

### ▸ Schloss Berg

Mitten aus den Weinbergen bei Nennig ragt Schloss Berg heraus, das auf eine mittelalterliche Gründung zurückgeht. Ursprünglich bestand es aus einer Ober- und Unterburg und war von Wasser umgeben. Im Laufe der Jahrhunderte wurde die Burg mehrmals verändert. Nach den starken Zerstörungen während des Zweiten Weltkrieges wurde sie 1956/1957 wieder aufgebaut und bis 1984 als Schullandheim genutzt. Heute sind hier ein Luxushotel, ein Gourmetrestaurant und ein Spielcasino untergebracht.

*Schloss Berg bei Nennig geht auf eine mittelalterliche Gründung zurück.*

### ▸ Weitere Sehenswürdigkeiten

Wendalinuskreuz aus dem 18. Jahrhundert und Wendalinus-Kapelle
Quirinus-Kapelle in Perl (1722 erbaut, ist ein alter Wallfahrtsort mit Pferdesegnung am 1. Mai)

Hansenkapelle bei Oberleuken
Spätgotische Kapelle St. Nikolaus und St.
Bernhard (1789) in Wochern
Pfarrkirche Elft mit Turm aus dem 16. Jahr-
hundert
Leukquelle
Pfarrkirche St. Michael (1867) in Büschdorf
Höckerlinien (Panzersperren aus dem
Zweiten Weltkrieg in Tettingen-Butzdorf
und Saarländisches Brennereimuseum
(📞 06866/556)
Friedenskapelle in Oberperl
Pestkreuz (1616) in Besch
Marienkapelle (1843) in Sehndorf
Bunkermuseum in Sinz
(🌐 www.westwallbunker-sinz.de)
Dorfkapelle St. Jakobus (18. Jahrhundert)
in Kesslingen

## Museen

▶ **Heimatmuseum Perl**
Hier sind alte Geräte aus Landwirtschaft,
Weinanbau und Handwerk ausgestellt.
Eine Küche aus Urgroßmutters Zeiten kann
ebenso besichtigt werden wie alte Bücher
und Zeitschriften.
**Adresse:** Kirschenstr. 5–8, 66706 Perl
📞 06867/560022
Öffnungszeiten: nach Vereinbarung

## Freizeit und Natur

▶ **Wandern und Rad fahren**
In der Großgemeinde Perl gibt es zahlreiche ausgeschilderte Wanderwege, z.B. der
10 km lange Dreiländer-Wanderweg, der
Dolinenweg bei Nennig oder der Premiumwanderweg „Panoramaweg Perl" mit
schönen Aussichten auf das Moseltal. Der
Weinlehrpfad in Sehndorf stellt auf neun

Tafeln Wissenswertes zum Weinanbau
vor. Der Sehndorfer Waldweg kombiniert
Wanderungen in den Weinbergen und im
Wald.
Der Wolfgang-Maria-Rabe-Weg ist sozusagen „grenzenlos". Er führt auf seinen
21 km durch Deutschland, Frankreich und
Luxemburg. Start ist am Parkplatz Rathaus
Perl. Er ist durch einen roten Punkt markiert. Der Weinlehrpfad „Perler Hasenberg"
ist 1,5 km lang und informiert unterwegs
auf seinen 14 Tafeln in Deutsch und Französisch über den Weinanbau.
Radfahrer radeln gerne auf den Treidel-
pfaden entlang der Mosel. Über weitere
Touren und den Verleih von Fahrrädern,
auch von E-Bikes, gibt es Informationen
unter 📞 06866/1439.

▶ **Angeln**
Es besteht die Möglichkeit, in der Mosel
und in den Kiesweihern zwischen Nennig
und Besch zu angeln. Erlaubnisscheine gibt
es bei der Gemeindeverwaltung,
📞 06867/660 und an der Fischerhütte in
Besch.

▶ **Besondere Veranstaltungen und Feste**
Europäisches Freundschaftstreffen alle
drei Jahre
Wein- und Kellerfest in Perl am letzten
Wochenende im Oktober
Saarländisches Moselweinfest am letzten
Wochenende im August

# Püttlingen

**(Regionalverband Saarbrücken)**

Funde aus der Steinzeit, keltische Hügelgräber sowie römische Villen und Brandbestattungen belegen, dass das Köllerbachtal, in dem Püttlingen liegt, schon sehr früh besiedelt war. Die Martinskirche aus dem 7./8. Jahrhundert geht auf einen römischen Vorgängerbau zurück. Erstmals urkundlich erwähnt wurde sie 1223. Um 1326 wurde im heutigen Stadtteil Köllerbach die Wasserburg Bucherbach gebaut. Eine rasante Entwicklung erlebte Püttlingen, als im 19. Jahrhundert hier mehrere Steinkohlengruben abgeteuft wurden. Seit 1868 ist Püttlingen eine eigene Bürgermeisterei, seit 1968 auch Stadt. 1974 schlossen sich Püttlingen und Köllerbach zur Stadt Püttlingen mit rund 18 700 Einwohnern zusammen.

**Stadt Püttlingen**
**Rathausplatz 1**
**66346 Püttlingen**
📞 **06896/6910**
🌐 **www.puettlingen.de**

## Sehenswertes

### ▶ Burgruine Bucherbach in Köllerbach

Die Burg Bucherbach wurde vermutlich im 11. Jahrhundert durch die Grafen von Saarbrücken errichtet. Sie wollten mit ihr ihre Herrschaft im Köllerbachtal sichern. Bis zum Dreißigjährigen Krieg wurde sie mehrfach erweitert und verstärkt. In diesem Krieg selbst erlitt sie starke Zerstörungen. 1740 wurde mit ihrem Abbruch be-

*Die Burgruinen Buchenbach in Köllerbach sind die Reste einer Burg, vermutlich aus dem 11. Jahrhundert.*

gonnen. 1983/1984 und 2011 wurden die Ruinen grundlegend saniert. Der Ostturm ist auf seinen alten Fundamenten wieder zu sehen. Die erhaltenen Türme und die Wehrmauer wurden saniert. Die Gebäude im Innenbereich der Burg sind in ihren Fundamenten wieder zu erkennen. Heute ist die Burgruine ein Kommunikationsmittelpunkt im Zentrum von Köllerbach und ein Ort für Feste und Veranstaltungen.

### ▶ Hexenturm Püttlingen

Der Hexenturm in Püttlingen gehörte nicht zur Wasserburg, sondern stand außerhalb. Er wurde als Gefängnis benutzt. Die äußere Quaderwand ist heute herausgebrochen, nur das Füllmauerwerk ist bis zu einer Höhe von 6,50 m noch erhalten. Unter dem Turm befinden sich eine Brunnenstube und ein Verlies. In den Jahren 1580–1600 hielt dort der Püttlinger Amtmann Thomas Königsdorfer 14 Frauen gefangen, die der Hexerei angeklagt und verbrannt wurden.

*Die Überreste des Hexenturm in Püttlingen.*

### ▶ Wasserburg Püttlingen

Von 1341 bis 1354 ließ Johann von Forbach eine Wasserburg bauen. Sie wurde
jedoch im Dreißigjährigen Krieg niedergebrannt und danach als Steinbruch
genutzt. 1790 ließ dann Fürst Ludwig von
Nassau-Saarbrücken auf dem Gelände ein
kleines Schloss errichten. Durch mehrere
Baumaßnahmen im 20. Jahrhundert, u. a.
durch Abtragen des Bahndammes, einer
Verlegung des Köllerbaches und einen
Erweiterungsbau des Rathauses wurde das
Burggelände völlig verändert.

### ▶ Püttlinger Schlösschen

Das ehemalige Jagdschlösschen im
spätbarocken Stil von Fürst Ludwig von
Nassau-Saarbrücken ist heute eines der
Wahrzeichen der Stadt. Von 1868–1904
diente es als Rathaus. Bei seiner grundle-

genden Sanierung 1983 und 2011 wurden
hier Ausstellungsräume eingerichtet.
📞 06898/691-256

### ▶ Martinskirche

Die evangelische Martinskirche zählt zu
den ältesten religiösen Bauwerken im
Saarland. Sie steht im Stadtteil Kölln innerhalb der Mauern eines alten Friedhofes
und ist eine der wenigen erhaltenen Dorfkirchen der Region aus der Spätgotik. 1223
wird die Martinskirche erstmals urkundlich
erwähnt Die Wurzeln der Martinskirche
reichen aber bis ins 8. Jahrhundert zurück.
Mit der Reformation wird die Martinskirche 1575/1576 evangelisch, wurde aber
bis zur Einweihung der Herz-Jesu-Kirche
1899 von den Katholiken simultan mit-
benutzt. Bei Sanierungsarbeiten 1957
wurden Decken- und Wandmalereien aus
dem Mittelalter entdeckt und restauriert.

### ▶ Köllertaler Dom

Wegen ihrer imposanten Erscheinung wird
die katholische Pfarrkirche St. Sebastian
auch als „Köllertaler Dom" bezeichnet.
Sie wurde 1908/1909 nach dem Vorbild
von Maria Laach im neuromanischen Stil
erbaut. Zu den Kostbarkeiten der Kirche
zählen die aus dem 14. Jahrhundert stammende Skulptur einer sitzenden Madonna,
Kirchenfenster mit alt- und neutestament-
lichen Motiven sowie die bronzenen Altar-
antependien des Saarbrücker Künstlers
Ernst Alt. Die Schnitzereien an Ambo und
Sedilien stammen von dem Püttlinger
Heimatforscher Willibald Meyer.

### ▶ Liebfrauenkirche

Das Besondere und Originelle der 1888–
1890 erbauten Liebfrauenkirche ist der

imposante, baldachinartige Überbau in der Mitte des Erweiterungsbaues. Er übergreift das alte Kirchenschiff. Im Kreuzungspunkt wurde die Altarinsel errichtet, wodurch die zentrale Bedeutung des Altars in der Kirche betont wird. Das Tabernakelretabel gilt als außergewöhnlicher Kunstschatz.

▶ **Weitere kirchliche Bauten**
Kreuzkapelle (ursprünglich 1584 errichtet, 1635 zerstört und um 1680 wieder aufgebaut, 1997 restauriert, Wallfahrtsstätte, vor allem an Gründonnerstag) Marienkapelle (von 1927–1929 auf dem Marienberg erbaut, im Mai regelmäßige Andachten an Maria-Kreuzwegstationen mit den „Sieben Schmerzen Marias") Wendalinuskapelle Etzenhofen (erbaut nach einer Wallfahrt der Bauern nach St. Wendel wegen Rinderpest und Choleraepidemie, Einweihung 1873, grundlegende Sanierung von 1976–1978)

## Museen

▶ **Saarländisches Uhrenmuseum**
Das ehemalige Bauernhaus aus den Jahren 1814/1815 verfügt sowohl über eine komplette Einrichtung an Möbeln und Gerätschaften eines bäuerlichen Haushaltes um 1900, als auch über eine vollständig eingerichtete Uhrmacherwerkstatt. In dem Museum sind über 650 Uhren aller Art ausgestellt. Hinzu kommen Sonderausstellungen zu den unterschiedlichsten Themen.
**Adresse:** Engelfanger Str. 3, 66346 Püttlingen
📞 06898/691156
Öffnungszeiten: Mi und So 15.00–18.00 Uhr und nach Vereinbarung

▶ **Bergbau-Museum**
Zur Erinnerung an den Bergbau in Püttlingen wurde 2011 vor dem Stollenmundloch des Viktoriastollens ein Freilichtmuseum in der Grubenstraße eingerichtet. Es zeigt Großmaschinen und Gerätschaften wie Bohrwagen, Schrämmaschine, Loren, Lokomotive, Haspel und Seilscheibe. Anschaulich dargestellt wird die Arbeit des Bergmannes unter Tage von der Gewinnung der Kohle vor Ort bis zu ihrem Transport über Tag.

## Freizeit und Natur

▶ **Wandern und Rad fahren**
Die Stadt Püttlingen führt zahlreiche Wanderwege auf, darunter der Pfarrer-Rug-Weg, die Route Bergbau, die Route Feld und Forst, die Route Kulturdenkmäler, Kirchen, Kapellen sowohl in Püttlingen als auch in Köllerbach mit Verbindungsweg beider Routen und die Route Ländliche Struktur. 7,3 km lang ist der Rundwanderweg Rittenhof.
🌐 www.rittenhofen.de

Auf keltischer, römischer und Bergbau-Spurensuche begibt sich der Wanderer auf den historischen Wanderwegen der Stadt Püttlingen. Dazu kann man auf
🌐 www.puettlingen.de/freizeit/hist-wanderwege eine 23 Seiten starke Broschüre herunterladen, die ausführlich über die Geschichte Püttlingens und die angebotenen Wanderwege mit Karten informiert.
Darüber hinaus ist die Stadt an den Sternenweg angeschlossen, den Weg der Jakobspilger.

Für Radfahrer bieten sich an: der Köller-tal-Radweg über die ehemalige Bahntrasse und entlang des Köllerbaches als Diagonalverbindung des Saar-Radweges von Völklingen zum Saar-Oster-Höhen-Radweg bei Mangelhausen, der Radwanderweg Köllertal mit westlichen Randhöhen, der Radwanderweg Köllertal mit östlichen Randhöhen und der Radwanderweg entlang der L 136.

▸ **Weitere Angebote**
Hallenbad im Trimmtreff Viktoria
Reitanlagen im Espenwald und im Gewerbepark Engelfangen
Skaterbahn am Trimmtreff Viktoria
Tennisplätze im Espenwald und hinter dem ehemaligen Bahnhof in Köllerbach

*Der renaturierte Stadtpark lädt zur Entspannung und Erholung ein.*

# Quierschied

**(Regionalverband Saarbrücken)**

Quierschied wurde erstmals 999 in einer Schenkungsurkunde Otto III. an den Bischof von Metz erwähnt. Bereits im 15. Jahrhundert soll der Abbau von Steinkohle begonnen haben. Durch die Glashütte und das Abteufen von Kohlengruben erlebte Quierschied im 18. und 19. Jahrhundert einen starken Aufschwung und Zunahme der Bevölkerung. In ihrem jetzigen Zuschnitt besteht die Gemeinde Quierschied seit 1974 aus drei Ortsteilen mit rund 13 000 Einwohnern.

**Gemeinde Quierschied**
**Rathausplatz 1**
**66287 Quierschied**
📞 **06897/961-0**
🌐 **www.quierschied.de**

## Sehenswertes

▸ **Bergwerk Camphausen**
Das ehemalige Bergwerk im Süden des Ortsteiles Fischbach erhielt von 1908–1911 den ersten Stahlbeton-Förderturm der Welt. Er ist 40 m hoch und hat die Form eines Hammerkopfes. Das Ortsbild von Fischbach wurde durch den Bergbau geprägt. In seinem Zentrum in der Quierschieder Straße wurden die Doppelhäuser mit Giebelfachwerk restauriert. Sie waren 1904 für die Arbeiter und Angestellten der Grube Camphausen gebaut worden.

*Das 74 m hohe Fördergerüst Schacht IV der ehemaligen Grube Göttelborn wird im Volksmund „Weißer Riese" genannt und kann unter Führung auch bestiegen werden.*

▸ **Fördergerüst Schacht IV in Göttelborn**
Bei einer Auffahrt zur Aussichtsplattform des Fördergerüsts von Schacht IV in Göttelborn kann man in der luftigen Höhe von 74 Meter die Aussicht über die Tagesanlage des ehemaligen Bergwerks Göttelborn und der Umgebung genießen. Die Auffahrt zum Turm, der im Volksmund auch „Weißer Riese" genannt wird, ist barrierefrei. Er gilt als der höchste Förderturm in der Welt. Bei Starkregen und höherer Windstärke ist keine Auffahrt möglich.
📞 06897/961-195
Öffnungszeiten: Apr–Okt, am ersten So im Monat, Gruppen auch nach Vereinbarung am Treffpunkt Parkplatz unterhalb der Cafécantine Flöz, Am Campus 2, 66287 Quierschied um 10 Uhr

## Museen

▸ **Heimatmuseum Quierschied**
Die Geschichte der Glashütte, Industrialisierung, Stromversorgung sowie das Bergrettungswesen, Knappschaftskrankenhaus, Arbeitswelt der Bergleute und die Saarabstimmung von 1935 sind die Schwerpunkte des Heimatmuseums.
**Adresse:** Am Käsborn 8, 66287 Quierschied
📞 06897/961195

## Freizeit und Natur

▸ **Wandern und Rad fahren**
Zahlreiche gut ausgebaute und abwechslungsreiche Wege laden zum Wandern und Erkunden ein. Der Industriekultur-Wanderweg ist insgesamt 24 km lang und bietet zwei Routen an, die miteinan-

der verbunden sind. Sie führen an Zeugen des früheren Steinkohlenbergbaus und der Industrie vorbei. Eine der beiden Routen führt auch über Friedrichsthal. 8 km lang ist die Wanderroute Hohlenstein. Auch sie führt an ehemaligen Gruben und Bergarbeitersiedlungen vorbei. Schöne Aussichten genießt man von den Bergehalden Lydia bei Fischbach und Göttelborn. 10 km geht es über den „Wilden Netzbachtalpfad" im „Urwald vor der Stadt". Ausführliche Informationen mit Karten können unter ⊕ www.quierschied.de/freizeit-familie/tourismus/wandern heruntergeladen werden.

*Auch im Winter ist eine Wanderung um den Netzbachweiher sehr reizvoll.*

Radfahrern wird die „tour d'energie" empfohlen. Sie führt von Göttelborn zum ehemaligen Bergwerk Reden über die dortige ehemalige Halde mit der Alm und wieder zurück. Es können aber auch der Haldenrundweg benutzt werden. Abstecher auf die Halde Lydia und durchs Netzbachtal sind möglich.

▸ **Sonstige Freizeitangebote**
Freibad mit Beachvolleyball-Feld
**Adresse:** Am Schwimmbad, 66287 Quierschied

☏ 06897/66886
Öffnungszeiten: während der Saison täglich von 9.00–20.00 Uhr
Beachvolleyball-Felder
Tennisanlagen
Kneipp-Anlage nahe der Reha-Klinik, Fischbacher Straße

# Rehlingen-Siersburg

**(Kreis Saarlouis)**

Die Gemeinde Rehlingen-Siersburg erstreckt sich mit ihren zehn Ortsteilen von der Saar das Niedtal hoch über den Saargau bis zur französischen Landesgrenze. Sie ist mit rund 61 km² flächenmäßig eine der größten Gemeinden im Saarland. Rund 14.400 Einwohner zählt sie.

**Gemeinde Rehlingen-Siersburg**
**Bouzonviller Platz**
**66780 Rehlingen-Siersburg**
☏ **06835/5080**
⊕ **www.rehlingen-siersburg.de**

## Sehenswertes

▸ **Burg Siersburg**
Die Siersburg wurde im 12. Jahrhundert zur Kontrolle der Saar und der vorbeiführenden Handelsstraßen gebaut. Als Gerichts- und Verwaltungssitz erlebte sie bis zum Fall während der Französischen Revolution eine wechselvolle Geschichte. Sie war häufig Streitobjekt der Kurfürsten von Trier und der Herzöge von Lothringen.

*Die Siersburg stammt aus dem 12. Jahr-hundert.*

**Adresse:** Burgstraße 39, 66780 Rehlingen-Siersburg

📞 06835/2663 oder 0163/7419841

🌐 www.burgsiersberg.de

Öffnungszeiten 1. Apr–30. Sept: 7.00–20.00 Uhr

Öffnungszeiten 1. Okt–31. März: 9.00–16.00 Uhr

Die Besichtigung des Turmes der Burgruine ist während der Öffnungszeiten nur in Absprache mit der Burgwartin und in deren Anwesenheit möglich.

### ▸ Tropfsteinhöhle Niedaltdorf

Die Tropfsteinhöhle Niedaltdorf ist eine geologische Besonderheit. Sie wurde nicht aus dem Gestein ausgespült, sondern der Kalk, der im Wasser eines vorbeifließenden Baches gelöst war, wurde in einem mehrere Meter hohen Block abgelagert. Der Bach bildete eine Schlucht. Die oberen Kanten wuchsen wegen der Ablagerungen bei Hochwasser wieder zusammen, bis sich vor rund 7000 Jahren aus der Schlucht

eine Höhle gebildet hatte.

📞 06835/508-330

## Schlösser

### ▸ Schloss von Hausen

Gleich fünf Schlösser stehen auf dem Gebiet der Gemeinde Rehlingen-Siersburg. Das Schloss von Hausen in Rehlingen von 1529 wurde von Erich von Hausen gebaut. Während der Französischen Revolution wurde es eingeäschert. Der wieder errichtete Westflügel ist heute wieder im Besitz der Familie von Hausen und dient als Heimatmuseum sowie als Ort kultureller Veranstaltungen.

🌐 www.rehligen-siersburg.de

### ▸ Schloss Itzbach

Das Schloss Itzbach liegt am Fuß des Limbergs bei Siersburg und wurde 1740 erbaut. In dem zwischen Herrenstraße und Saar gelegenen Park bei Fremersdorf steht das Schloss Fremersdorf. Es ist ein stattliches, herrschaftliches Gebäude. Die drei quadratischen Türme stammen aus der Zeit um 1600. Der größere Teil des Schlosses wurde zwischen 1775 und 1797 errichtet. Aus dieser Zeit stammt auch die Puttengruppe im Park.

Im Ortsteil Kerprichhemmersdorf kennt man die Bezeichnung „Im Schloss". Der Gebäudekomplex liegt auf einer Anhöhe nahe dem Friedhof. Allerdings ist die ursprüngliche Form nicht mehr ganz erhalten. Da das Schloss in den Jahren 1810 bis 1816 in einzelnen Stücken verkauft und die Gebäude im Laufe der Zeit umgebaut und modernisiert wurden, ging der Gesamteindruck verloren.

### ▶ Herrenhaus Hemmersdorf

Das sogenannte „zweite Schloss" in Hemmersdorf in der Hauptstraße ist ein gut erhaltenes ehemaliges Herrenhaus. Der dreigeschossige wuchtige Bau wurde um 1670 gebaut. Das rundbogige Portal ist mit gequaderten Pilastern eingefasst. Das Gebäude ist nahezu unverändert. Nur die Fenster an der Vorderfront wurden zum Teil umgestaltet. Einst gab es auf der Rückseite auch einen Wassergraben, der von einer Zugbrücke überspannt war.

## Kirchliche Bauten

### ▶ St. Nikolaus Hemmersdorf

Bereits im 10. Jahrhundert Pfarrei. Die alte Sakristei der Pfarrkirche „St. Nikolaus" ist der Chor einer gotischen Kirche, die etwa um 1480 oder sogar früher erbaut worden ist. Eine Besonderheit im alten Chor ist eine Sakramentsnische mit einem Okulus (oculus=Auge). Dieser soll das Innere der Kirche mit dem Außen verbinden.

### ▶ St. Rufus Niedaltdorf

1890 wurde in der neugotischen Pfarrkirche St. Rufus Niedaltdorf die erste Nachbildung der Erscheinungsgrotte von Lourdes auf deutschem Boden errichtet.

### ▶ St. Martin Siersburg

Die Pfarrkirche St. Martin Siersburg wurde 1758 erbaut. Der ursprünglich romanische Teil wurde 1912 im spätbarocken Stil wesentlich erweitert. Zahlreiche Bilder, Zeichen und Symbole schmücken das Innere der Kirche. Dazu zählen auch Teile aus der ältesten Aachener „Gasthuskirche", z.B. der Hochaltar. Die Orgel stammt aus Lothringen.

### ▶ St. Willibrordskapelle Siersburg

Die „St. Willibrordskapelle" in Siersburg ist eines der ältesten kirchlichen Bauwerke im Saarland. Sie liegt auf einer Anhöhe links der Nied. Zwar ist die Entstehung der Kapelle auf das Jahr 1523 datiert, doch es wird angenommen, dass es bereits einen Vorgängerbau gab. In der Kapelle werden katholische und evangelische Gottesdienste gefeiert.

### ▶ Keltenhaus

2003 wurde im Wald bei Niedaltdorf im Rahmen zweier Jugendprojekte ein keltisches Wohnhaus aus Holz, Reet, Stroh und Lehm aus der Zeit um 300 v.Chr. nachgebaut. Der Standort wurde deshalb gewählt, weil sich nur wenige Hundert Meter davon keltische Hügelgräber befanden. 2006 wurde auch ein Vorratsspeicher errichtet. An manchen Wochenenden lebt eine dreiköpfige Familie bei ihrer Zeitreise wie die Kelten vor über 2000 Jahren im Wald im Keltenhaus. Am 1. Mai jeden Jahres wird an diesem Ort das keltische Frühlingsfest Beltane gefeiert.
📞 06835/508-330

*Im Wald bei Niedaltdorf wurden zwei Keltenhäuser aus der Zeit um 300 v. Chr. nachgebaut.*

### ▶ Kräutergarten

Der Kräutergarten wurde 1987 unterhalb der St. Willibrordskapelle angelegt. Er folgt einem mittelalterlichen Vorbild mit Zauber-, Liebes- und Hexenpflanzen, aber auch mit Gewürzpflanzen. Inzwischen hat die Gemeinde den Garten behutsam umgestaltet. Damit will sie noch stärker an die Tradition der Klostergärten mit ihren bekannten Ordnungs- und Gestaltungselementen wie Rondell, Quadrat, Kreuz- und Rahmenweg anknüpfen.

## Museen

### ▶ Heimatmuseum Rehlingen

Sammlungen: Drei mit Stuck verzierte Zimmer, Wechselausstellungen, Gipserhandwerk und Tante-Emma-Laden aus den 30er-Jahren.
**Adresse/Ansprechpartnerin:** Heimatverein Rehlingen, Astrid Zimmer, Lortzingstr. 4, 66780 Rehlingen-Siersburg
📞 06835/7808
🌐 www.heimatverein-rehlingen.de.vu
Öffnungszeiten: nach Voranmeldung, bei Ausstellungen Mi und So 15.00–18.00 Uhr

### ▶ Museum im Lothringer Bauernhaus

Das Privatmuseum ist mit Möbeln, religiösen Gegenständen, landwirtschaftlichen Geräten und Arbeitsgeräten des 19. Jahrhunderts der Region ausgestattet. Neben Küche, Stube und Schlafraum kann man eine Scheune, einen Stall, ein Backhaus und ein Webzimmer besichtigen. Auch ein Bauerngarten mit altem Baum- und Strauchbestand ist vorhanden.
**Adresse/Ansprechpartner:** Familie Weber, Lommerweg 18, 66790 Rehlingen-Siersburg

📞 06833/1651
Öffnungszeiten: nach vorheriger telefonischer Vereinbarung

### ▶ Heimatmuseum Hemmersdorf

Das Heimatmuseum Hemmersdorf ist in einer alten Scheune direkt am Niedtalradweg untergebracht. Eine Sammlung prähistorischer Funde ist ebenso zu sehen wie alte Werkszeuge und Gerätschaften saarländischer Berufe und eine „gute Stube".
**Adresse/Ansprechpartner:** Engelbert Cawelius, Zum Grafenthal 32, 66780 Rehlingen-Siersburg
📞 06833/1346
🌐 www.museum-hemmersdorf.de
Öffnungszeiten: So 15.00–18.00 Uhr und nach Vereinbarung

## Freizeit und Natur

### ▶ Wandern und Rad fahren

Rund 180 km zählt das Wanderwegenetz der Gemeinde Rehlingen-Siersburg. Die Wanderer erwartet eine Vielzahl von Sehenswürdigkeiten, Natur- und Kulturerfahrungen sowie weite Aussichten. Fünf Themenwanderwege führen entlang historisch bedeutsamer Stätten und

*Schöne Auwälder säumen die Nied.*

erstrecken sich über Felder, Wiesen und Wälder, Schluchten und Mulden. Sie bieten Panorama-Aussichten, idyllische Täler und sanfte Höhen.
Zwei der Wege, der Idesbachpfad (18 km) und der Druidenpfad (6,7 km), sind als Premiumwanderweg ausgezeichnet.
Darüber hinaus laden der Ammonitenweg (12,6 km), der Gau-Niedtalweg (8,4 km), der Panoramaweg (7,4 km) und der Fledermauspfad ein.
Nähere Informationen hierzu mit Karten auf 🌐 www.rehlingen-siersburg.de und unter 📞 06835/508-330.
Das Radwegenetz der Gemeinde misst 140 km und erstreckt sich auch bis ins benachbarte Frankreich. Fünf Routen werden angeboten: Romantik-Route mit 18,6 km entlang kulturhistorischer Sehenswürdigkeiten, Niedtal-Radweg (22,6 km) durch das Tal der Nied, Route der Freundschaft (20,5 km) zwischen Deutschland und Frankreich und auf dem 18,8 km langen „Gau", auf dem man den Niedgau näher kennenlernt.
Nähere Informationen unter 🌐 www.rehlingen-siersburg.de
Für Nordic Walker werden fünf Wege mit Schwierigkeitsgraden von leicht bis mittelschwer angeboten. Vom Mitfahrparkplatz Hessmühle geht es entlang der blauen Markierungen durch das Itzbachtal. Es besteht auch die Möglichkeit, sich Gruppen anzuschließen.
📞 06835/87121

▸ **Klettergarten**
Über die Baumwipfel geht es im Hochseil-Klettergarten.
**Adresse:** Ortsausgang Siersburg an der Landstraße nach Niedaltdorf

📞 0170/2708505
Öffnungszeiten: an Wochenenden und Feiertagen

▸ **Angeln**
Angler können in der Nied und in mehreren Vereinsgewässern fischen.
Tages- und Touristenangelscheine unter 📞 06835/508-331

▸ **Besondere Veranstaltungen und Feste**
**Pfingstsportfest** in Rehlingen
**Fête de la musique:** am 21. Juni auf dem Bouzonviller Platz in Siersburg
**Freilichtkino** auf der Siersburg: Fr und Sa am vorletzten Augustwochenende
Beltane: **Keltisches Frühlingsfest** am 1. Mai am Keltenhaus Niedaltdorf

# Riegelsberg

### (Regionalverband Saarbrücken)

Die Gemeinde Riegelsberg entstand 1939 mit dem Zusammenschluss der Dörfer Güchenbach, Hilschbach und Überhofen. Als Flurname wurde Riegelsberg schon 1731 erstmals urkundlich erwähnt. Damit wurde die Anhöhe bezeichnet, auf der heute der Hindenburgturm steht. Vermutlich gab es bereits 1764 eine Siedlung. Der heutige Ortsteil Walpershofen wurde schon 1293 erwähnt. Bereits im 15. Jahrhundert setzte der Bergbau ein. Durch ihn erfuhr die Gemeinde ab Mitte des 19. Jahrhunderts einen großen Aufschwung, vor allem durch die damalige

Grube Von-der-Heyd. Heute ist Riegelsberg eine Wohngemeinde mit zwei Ortsteilen und rund 14 000 Einwohnern.

**Gemeinde Riegelsberg**
**Saarbrücker Str. 31**
**66292 Riegelsberg**
**Telefon: 06896/9300**
**Internet: www.riegelsberg.eu**

## Sehenswertes

### ▶ Hindenburgturm
Der Hindenburgturm wurde 1934 erbaut und sollte an die Gefallenen des Ersten Weltkrieges erinnern. Seinen Namen erhielt er von dem damaligen Reichspräsidenten, der während der Bauzeit verstorben war. Der 15 m hohe Klinkerbau weist auch eine Ehrenhalle auf. Hier sind die Namen der 222 Gefallenen der Gemeinde aufgelistet. 1997 wurde der Turm renoviert. Heute wird er als Zeichen des Friedens und Mahnmal gegen den Krieg gesehen. Umgeben ist er von einem kleinen Park, der zur Ruhe und Besinnung einlädt.
Der Schlüssel zur Besichtigung des Turms ist im Rathaus erhältlich.

### ▶ Turm am Bauer-Kreisel
Der Turm am Bauer-Kreisel entstand, als 2008 die Saarbahn gebaut wurde. Wer von der A 1 kommend nach Riegelsberg hineinfährt, kommt daran vorbei. Das dreiglied-

*Der 15 m hohe Hindenburgturm wird als Mahnmal gegen den Krieg und Zeichen für den Frieden verstanden.*

*Der Turm am Bauer-Kreisel erinnert an die Bergbauzeit der Gemeinde.*

rige Denkmal erinnert an die Steinkohlenzeit der Gemeinde.

# Freizeit und Natur

### ▶ Wandern

Die Gemeinde Riegelsberg bietet vier Wanderwege an. Der 3,5 km lange Weg „Rund
um das Rathaus" informiert über die Ein-
flüsse des Bergbaus auf die Siedlungen und
die heutige Nutzung. Vorbei geht es an der
Wallfahrtskirche St. Josef, der ehemaligen
Brauerei Gross, dem ehemaligen Waisenhaus und dem Hindenburgturm. Der 10 km
lange Premiumwanderweg „Frohn-Wald-
Weg" führt durch den Saarkohlenwald. Auf
3,6 km geht es vom Lampennest bis zum
Hilschbach. Es ist ein Streifzug durch Felder
und Wälder mit Informationen zur Holz-
kohlengewinnung, zum Bergbau und mit
weiteren Aussichten.

Unter 🌐 www.riegelsberg.eu/wandern
kann man einen Flyer zu den genannten
Wanderwegen downloaden.

Darüber hinaus hat Riegelsberg Anteile
am Jakobsweg. Auch der „Wilde Netzbach-
pfad" (s. Quierschied) ist von Riegelsberg
schnell zu erreichen.

# Schwimmbäder

### ▶ Freibad

Das einzige Freibad im Köllertal bietet eine
schöne Liegewiese, ein Baby-, ein Kinder-
und ein Schwimmerbecken. Im Kinder-
becken befindet sich eine kleine Rutsche.
Auch ein Beachvolleyball-Feld steht zur
Verfügung.
**Adresse:** Lindenstraße, in unmittelbarer

Nähe der Sportplätze und der Riegelsberg-
halle
📞 06806/3676

### ▶ Kleinschwimmhalle

Die Kleinschwimmhalle der Gemeinde Riegelsberg befindet sich in der Pflugscheid-
schule im Ortsteil Riegelsberg.
**Adresse:** Wolfskaulstraße 88, 66292 Riegelsberg
📞 06806/480305

### ▶ Kneippanlage

Am Ende des Parkplatzes am Schwimmbad
befindet sich eine Kneippanlage mit Tret-
und Handbecken.

### ▶ Fitness-Parcours

An den fünf Geräten des Parcours kann
man sich bis ins hohe Alter körperlich
betätigen. Es stehen ein Klettergerüst, ein
Armtrainer-Fahrrad, ein Laufband und ein
Curver zur Verfügung.
**Adresse:** Lindenstraße gegenüber Club-
heim des FC Riegelsberg, 66292 Riegelsberg
📞 06806/930-159

# Saarbrücken

**(Regionalverband Saarbrücken)**

Die Landeshaupt- und Universitätsstadt Saarbrücken ist die einzige Großstadt des Saarlandes. Funde in Burbach und St. Johann deuten darauf hin, dass das heutige Stadtgebiet bereits während der Steinzeit besiedelt war. Die Kelten richteten auf dem Sonnenberg eine Höhensiedlung ein, die Römer am Kreuzungspunkt zweier Fernstraßen unterhalb des Halbergs die Siedlung „Vicus Saravus". Erstmals urkundlich erwähnt wurde Saarbrücken 999 als „castellum Sarabrucca", die Burg auf dem Saarfelsen links der Saar. Eine Reihe von eindrucksvollen Bauten zeugen von der Barockzeit im 18. Jahrhundert unter Fürst Wilhelm Heinrich von Nassau-Saarbrücken. Einen weiteren Aufschwung erlebte die Stadt ab 1850 durch seine Eisenhütten und Steinkohlengruben. 1909 vereinigten sich Alt-Saarbrücken, St. Johann und Malstatt-Burbach zur Großstadt Saarbrücken. Seit 1974 besteht die Stadt aus vier Bezirken mit 20 Stadtteilen und 178 000 Einwohnern.

**Tourist-Info**
**Rathaus St. Johann**
**Rathausplatz 1**
**66111 Saarbrücken**
📞 **0681/95909200**
🌐 **www.saarbruecken.de**

## Sehenswertes

▶ **Schlossplatz**
Aus der Burg des 10. Jahrhunderts entwickelte sich im 17. Jahrhundert ein Renaissanceschloss, von dem heute noch unterirdische Anlagen vorhanden sind. Nach der Zerstörung ließ Fürst Wilhelm Heinrich im 18. Jahrhundert durch seinen Baumeister Friedrich Joachim Stengel eine neue barocke Residenz errichten. Auch diese wurde im Laufe der Jahrhunderte mehrfach zerstört, brannte in Teilen ab und wurde umgebaut. Seit 1989 erstrahlt sie wieder in neuem Glanz. Der moderne Mittelbau aus Glas und Stahl, der die beiden Flügel miteinander verbindet, stammt von dem Architekten Gottfried Böhm. Das Schloss ist heute Verwaltungssitz, Kulturplatz und Veranstaltungsstätte für Tagungen und Festabende.
**Öffnungszeiten:** Mo–Fr 9.00–17.00 Uhr, Sa–So 10.00–18.00 Uhr (im Sommer) und 10.00–17.00 Uhr (im Winter)

Um den Schlossplatz herum befinden sich weitere barocke Gebäude, u.a. das

*Das Saarbrücker Schloss mit seinen barocken Seitenflügeln und dem modernen Mittelbau.*

ehemalige Rathaus von Alt-Saarbrücken, das Erbprinzenpalais, das Kreisständehaus und die Schlosskirche. Direkt neben dem Schloss kann man durch das Historische Museum Saar in die unterirdische Saarbrücker Burganlage aus dem Mittelalter und der Renaissance hinabsteigen und die Kasematten besichtigen. Hinter dem Schloss erstreckt sich der Schlossgarten. Von der Mauer aus genießt man einen weiten Blick auf die rechte Saarseite mit St. Johann und der Skyline mit den Verwaltungs- und Geschäftsgebäuden, der Alten Brücke, dem Staatstheater, dem Landtag und auf Alt-Saarbrücken links der Saar.

### ▶ Ludwigsplatz

Die Ludwigskirche von Baumeister Friedrich Joachim Stengel gilt als eine der stilreinsten und schönsten evangelischen

Barockkirchen in Deutschland. Sie wird oft mit dem Michel in Hamburg oder der Frauenkirche in Dresden verglichen. Zusammen mit dem Ludwigsplatz, den umliegenden Palais und Beamtenhäusern bildet sie ein Barockensemble, das 1775 fertiggestellt wurde. Im Zweiten Weltkrieg wurden Kirche und Palais ganz zerstört, aber danach originalgetreu wieder aufgebaut. Rechts von der Ludwigskirche befindet sich die Staatskanzlei des Saarlandes.

☎ 0681/9380917

Öffnungszeiten: Di–Sa 11.00–17.00 Uhr, sonntags nach Vereinbarung

### ▶ Über die Alte Brücke nach St. Johann

Über die Alte Brücke, die Karl V. 1546 errichten ließ, gelangt man von Alt-Saarbrücken nach St. Johann. Sie gehört zu den ältesten Bauwerken der Stadt. Von den ursprünglich

*Die 1775 fertiggestellte Ludwigskirche gilt als eine der schönsten evangelischen Kirchen Deutschlands.*

*Die Alte Brücke von 1546 verbindet Alt-Saarbrücken mit St. Johann.*

14 Bögen sind noch acht vorhanden. In den frühen 60er-Jahren musste sie beim Bau der Stadtautobahn verkürzt werden. Von der Brücke aus sieht man saarabwärts am linken Ufer den Nachbau des Saarkrans von 1761. Er wurde 1991 wieder aufgebaut. Der St. Johanner Markt ist das Kernstück der Fußgängerzone, die 1978 in der Altstadt eingerichtet wurde. Mittelpunkt ist der von Stengel 1759 entworfene Marktbrunnen, von dem ursprünglich zwei Sichtachsen auf das Schloss und die Ludwigskirche ausgingen. Der St. Johanner Markt mit seinen Boutiquen, Kneipen, Bistros und Restaurants ist das Herzstück des Saarbrücker Lebens. Der „fliegende Weihnachtsmann mit dem Christkind" über dem Christkindelmarkt gehört zu den besonderen Attraktionen.

Die ehemaligen Handwerker- und Arbeiterhäuser der Fröschengasse waren teilweise an die ehemalige Stadtmauer angebaut. Seit 1978 ist die Gasse vorwiegend im barocken Stil wieder hergestellt worden. Am Ende der Fröschengasse (Saarstraße) zeugen die Marken von den Hochwassern der Saar.
Die Basilika St. Johann wurde 1754–1758 ebenfalls von Stengel erbaut. Nach einer umfassenden Restaurierung kommt ihre barocke Schönheit besonders zur Geltung. Die Orgel im Innern umfasst 60 klingende Register mit 4312 Pfeifen.
**Adresse:** Katholisch-Kirch-Straße 26, 66111 Saarbrücken
Öffnungszeiten: Mo, Fr, Sa 9.30–19.15 Uhr, Di, Do, So 8.30–19.15 Uhr, Mi 8.30–17.00 Uhr

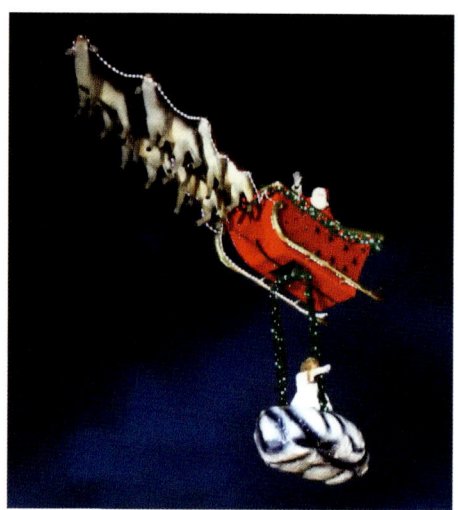

*Während der Adventszeit fliegt der Weihnachtsmann mit dem Christkind über den St. Johanner Christkindelmarkt.*

### ▸Rathaus St. Johann

Das Rathaus von St. Johann ist heute das Rathaus der Großstadt Saarbrücken. Es wurde von 1897–1900 im neugotischen Stil von Georg J. von Hauberrisser erbaut. Die Frontseite ist im Original erhalten und mit Sandsteinfiguren wie Bergmann, Hüttenarbeiter, Bauer, Bierbrauer, Kaufmann und Gerber sowie Georg mit dem Drachen geschmückt. Von dem 54 m hohen Turm erklingt täglich um 15.15 Uhr und 19.19 Uhr ein Glockenspiel.
**Adresse:** Rathausplatz 1, 66111 Saarbrücken
☏ 0681/95909200
Öffnungszeiten der Tourist Information im Rathaus: Mo–Fr 9.00–18.00 Uhr, Sa 10.00 bis 16.30 Uhr

### ▸Ehemalige Bergwerksdirektion

Von der Bergwerksdirektion in der Trierer Straße sind nur noch die Fassade und einige Einbauten erhalten. Das ehemalige Verwaltungsgebäude wurde 1880 von Martin Gropius und Heino Schmieden im Stil der Florentiner Renaissance erbaut. Nach Um- und Anbauten ist hier heute ein großes Einkaufszentrum untergebracht. Originale Kunstwerke wie die gusseisernen Treppenläufe, der historische Fliesenfußboden, der Festsaal oder die wertvollen Bleiglasfenster können bei einem Einkaufbummel besichtigt werden.
**Adresse:** Trierer Str. 1, 66111 Saarbrücken
🌐 www.europagalerie.de
Öffnungszeiten: Mo–Sa 9.30–20.00 Uhr

### ▸Siedlung Von-der-Heydt

Wer sich für den Bergbau interessiert, besucht die ehemalige Bergmannssiedlung Von-der-Heydt im Nordosten der Stadt. Diese entstand mit dem Abteufen der gleichnamigen Grube 1850 und steht als Ensemble unter Denkmalschutz. Man erreicht die Siedlung über die A 1.

### ▸Stiftskirche St. Arnual

Die gotische Stiftskirche aus dem 13. Jahrhundert zählt zu den bedeutendsten Baudenkmälern im südwestdeutschen Raum. Besonders sehenswert sind die Grabmäler der Fürsten und Grafen von Nassau-Saarbrücken bis zum 15. Jahrhundert, darunter die Gräfin Elisabeth von Nassau-Saarbrücken, die zahlreiche französische Ritterromane ins frühe Neuhochdeutsch übersetzt hat.
**Adresse:** St. Arnualer Markt, 66119 Saarbrücken
Öffnungszeiten: täglich 9.00–17.00 Uhr

### ▸Erlebnisbergwerk Velsen

Der ehemalige Lehrstollen für angehende Bergleute wurde zum „Erlebnisbergwerk

Velsen" bei Klarenthal umgewidmet. Auf 800 m Strecke in drei Sohlen können Besucher in typischer Bergmannskleidung zu Fuß und mit dem Grubenzug die Arbeitswelt eines Bergmannes kennenlernen.
**Adresse:** Alte Grube Velsen 7, 66127 Saarbrücken-Klarenthal
📞 0176/56586013
🌐 www.erlebnisbergwerkvelsen.de
Öffnungszeiten: nach Vereinbarung jeden ersten So im Monat zwischen 10.00–12.00 Uhr finden Führungen statt, die man nicht vorher buchen muss

## Museen

▶ **Saarlandmuseum**
Das Saarlandmuseum besteht aus der Modernen Galerie, der Alten Sammlung und dem Museum in der Schlosskirche. In der Modernen Galerie ist die Kunst vom 19. Jahrhundert bis in die Gegenwart untergebracht.
**Adresse:** Bismarckstr. 11–15, 66111 Saarbrücken

Die Alte Sammlung zeigt Gemälde von der Renaissance über den Barock bis ins 19. Jahrhundert. In der Schlosskirche sind sakrale Kunst und Kulturgüter aus dem Besitz der Stiftung Saarländischer Kulturbesitz zu sehen, z.B. die farbenprächtigen Fenster von Georg Meistermann und die barocken Fürstengräber.
**Adresse:** Schlossplatz 16, 66119 Saarbrücken
📞 0681/9964-234
🌐 www.saarlandmuseum.de
Öffnungszeiten: Di- So 10.00–18.00 Uhr, Mi 10.00–22.00 Uhr

▶ **Stadtgalerie**
Sie zeigt Wechselausstellungen aus allen Bereichen der Gegenwartskunst.
**Adresse:** St. Johanner Markt, 66111 Saarbrücken
📞 0681/905-1842
🌐 www.stadtgalerie.de

▶ **Museum für Vor- und Frühgeschichte**
Archäologische Funde von der Steinzeit bis ins frühe Mittelalter.
**Adresse:** Schlossplatz 16, 66119 Saarbrücken
📞 0681/9964-234
🌐 www.vorgeschichte.de
Öffnungszeiten: Di–So 10.00–18.00 Uhr, Mi 10.00–22.00 Uhr

▶ **Historisches Museum Saar**
Geschichte des Saarlandes vom Mittelalter bis in die Neuzeit und unterirdische Burganlagen mit Kasematten.
**Adresse:** Schlossplatz 15, 66119 Saarbrücken
📞 0681/506-4501
🌐 www.historisches-museum.org
Öffnungszeiten: Di, Do, Fr und So 10.00–18.00 Uhr, Mi 10.00–20.00 Uhr, Sa 12.00–18.00 Uhr

▶ **Heimatmuseum St. Arnual**
In dem Gebäude aus dem 16. Jahrhundert werden Dorfgeschichte, kulturelle, landschaftliche und besondere Eigenarten von St. Arnual sowie Wechselausstellungen regionaler Künstler gezeigt.
**Adresse:** Augustinerstraße 7, 66119 Saarbrücken
📞 0681/9850046
Öffnungszeiten: So 15.00–18.00 Uhr, während Ausstellungen auch Mi und nach Vereinbarung

### ▸Heimattreff Gersweiler

Produkte der Gersweiler Steingutfabrik
(1846–1901), Ziegel und Steinzeug aus
Klarenthal-Krughütte, Gläser und Glasma-
cherwerkzeuge aus der Region, Abschrif-
ten aus saarländischen und lothringischen
Kirchenbüchern sowie Handbibliothek,
Archivalien und Fotos zur Ortsgeschichte.
**Adresse:** Rathausplatz 2, 66128 Saarbrücken

📞 0681/700080 oder 5014133

🌐 www.hkv-gersweiler.de

Öffnungszeiten: Sa 10.00–12.30 Uhr, So
15.00–18.00 Uhr nur bei Ausstellungen

## Freizeit und Natur

### ▸Wandern und Rad fahren

Saarbrücken bietet sehr viele Möglichkeiten zum Wandern. Angefangen von Stadt-
touren, z.B. durch den Staden entlang der
Saar oder durch den Bürgerpark bis hin zu
den Touren rund um die Stadt – für jeden
ist etwas dabei.

Der 10 km lange Ensheimer Brunnenweg
führt durch die Wälder im ehemals bayerischen Teil Saarbrückens. Er ist auch als
Premiumwanderweg ausgezeichnet. Auf
dem Sonnenberg wandert man auf den
Spuren der keltischen Vorfahren, erlebt
auf dem Felsenpfad bizarre Formationen
und genießt eine weite Aussicht auf die
Saar und Güdingen. Von der ehemaligen
Bergmannssiedlung Von-der-Heyd geht es
durch das bewaldete Burbachtal bis zum
Rastpfuhl. Vom Homburg geht es über den
Dreibannstein zum Wildpark im Meerwie-
sertal. Gegenüber bieten sich die Wege
zum Schwarzenbergturm und Römer-
brünnchen an. Vom Winterberg aus geht
es zum Tabaksweiher. Auf dem Halberg

wandert man am Schloss und Saarländischen Rundfunk vorbei zur Mithras-Grotte.
Im Stadtteil Dudweiler geht es zum Brennenden Berg, wo die Felsen rauchen. Und
über die Spicherer Höhen gelangt man
zum französischen Nachbarn.
Saarbrücken ist auch an überörtliche Wanderwege angebunden.
Radfahrern stehen bei gegenseitiger
Rücksichtnahme die gleichen Wanderwege, aber auch die ehemaligen Treidel-
pfade entlang der Saar zur Verfügung.
Die Saarbrücker Radlerrunde beginnt und
endet am Hauptbahnhof und ist 13 km
lang. Saarbrücken ist an das überörtliche
Radwegenetz angeschlossen, das durchs
Saarland und zum französischen Nachbarn
führt. Es bestehen auch Möglichkeiten,
Fahrräder zu mieten.
Für Mountain-Biker steht auch der
Pumptrack in St. Arnual, Odakerstraße, zur
Verfügung.
Weitere Informationen:
🌐 www.saarbruecken.de/tourismus/
radfahren_und_wandern

### ▸Deutsch-Französischer Garten

Der Deutsch-Französische Garten im
Deutschmühlental wurde 1960 auf dem
ehemaligen Kampfgebiet des Zweiten
Weltkrieges angelegt. Er ist 50 ha groß
und dient heute der Völkerverständigung
und -begegnung. Die Parkanlage bietet
viele Möglichkeiten zur Entspannung. Eine
Kleinbahn lädt zur Rundfahrt ein.

### ▸Bürgerpark Hafeninsel

Auf der ehemaligen Hafeninsel westlich der Kongresshalle entstand 1989 der
Bürgerpark. Als „Oase der Stille" bietet er
naturbelassene Wiesen, Kastanienhaine,

lauschige Ecken zum Ausruhen und Entspannen, Skulpturen, Skater-Anlage mit Halfpipe und Boule-Platz. Das Wassertor wurde einem römischen Amphitheater nachempfunden.

▸ **Staden**
Der Staden ist eine der größten Grünanlagen Saarbrückens. Er reicht entlang der Saar von der Alten Brücke bis zur Daarler Brücke. Er ist eine Parkanlage mit vielen Laubbäumen, Liegewiesen, Ruhebänken sowie Spazier- und Radfahrwegen. Eine Gartenwirtschaft am Ulanenpavillon lädt während der warmen Jahreszeit zur Einkehr ein.

▸ **Tabaksweiher St. Arnual**
Der Tabaksweiher und die sich hinter ihm anschließende Allmend sind ein gerne besuchtes Naherholungsgebiet. Die ehemalige Tabaksmühle stammt aus dem Jahr 1831 und befindet sich unterhalb des Weihers. Sie wurde restauriert. Das Mühlrad ist heute noch zu sehen.

▸ **Zoo Saarbrücken**
Der Zoo Saarbrücken ist 12 ha groß und liegt am Südwesthang des Eschberges. Hier leben rund 1000 Tiere aus 160 Arten. Primaten und Tiere aus Afrika bilden die Schwerpunkte des Zoos. Gerne besucht werden auch die Seehunde, der Bauernhof mit Streichelzoo und die Ponys, auf denen Kinder reiten dürfen.
**Adresse:** Graf-Stauffenberg-Straße, 66121 Saarbrücken
📞 0681/905-3600
🌐 www.zoo-saarbruecken.de
Öffnungszeiten: März–Okt 8.30–18.00 Uhr, Nov–Feb 9.00–17.00 Uhr

▸ **Wildpark**
Auf 17 ha werden rund 120 Tiere gehalten: von Rothirschen über Wildschweine, Wisente, Steinwild bis hin zu Kaninchen und Fasanen.
Adresse: Meerwiesertalweg 140 , 66123 Saarbrücken
📞 0681/9052316
Öffnungszeiten: ganzjährig
Für Kinder wird auch Ponyreiten angeboten: 📞 06842/7086424

▸ **Abenteuerpark Saar**
Der Waldhochseilgarten bietet mit seinen fünf Parcours und 56 Übungen ein Klettern in luftiger Höhe, darüber hinaus auf der Kurvenseilbahn sieben Parcours mit 75 Übungen für Gäste ab neun Jahren.
**Adresse:** Abenteuerpark Saar, Rehtälchen, 66123 Saarbrücken, 📞 0681/9385440
🌐 www.abenteuerpark-saar.de
Öffnungszeiten: Fr 14.30–18.30 Uhr, Sa, So und an Feiertagen 10.00–18.30 Uhr, während der saarländischen Schulferien täglich 10.00–18.30 Uhr

▸ **Personenschifffahrt auf der Saar**
Die Personenschifffahrt auf der Saar befindet sich zurzeit im Umbruch. Informationen zur aktuellen Situation unter
📞 0681/95909200.
🌐 www.personenschifffahrt-saarbruecken.de

▸ **Bäder**
Saarbrücken verfügt über fünf eigene Frei-, Hallen- und Kombibäder.
🌐 www.saarbruecker-baeder.de
Darüber hinaus lädt das Erlebnisbad Calypso in sein Bade-, Sauna- und Wellnessparadies ein.

**Adresse:** Deutschmühlental 7, 66117 Saarbrücken
📞 0681/ 588177-0
🌐 www.erlebnisbad-calypso.de
Öffnungszeiten: Mo–Fr, 10.00–22.00 Uhr, Sa, So 9.00–22.00 Uhr, in den Ferien und an Feiertagen 9.00–22.00 Uhr

## Weitere Angebote

▸ **Trendsportanlagen im Weyersbachtal und in Jägersfreude**

▸ **Für Skater: Anlagen in Ensheim, Brebach-Fechingen und Gersweiler**

▸ **Abenteuerspielplatz Eschberg**
**Adresse:** Mecklenburgring, 66121 Saarbrücken
📞 0681/681811830
Öffnungszeiten: Mo–Fr, 12.30–18.30 Uhr

▸ **Besondere Veranstaltungen und Feste**
**Perspectives:** Deutsch-Französische Theater-Uraufführungen Ende Mai/ Anfang Juni
**Filmfestival Max-Ophüls-Preis:** deutschsprachige Nachwuchsspielfilme im Januar
**Jazz-Transfer-Festival** mit modernem Jazz
**Musikfestspiele Saar**: Alle zwei Jahre sind rund 80 Veranstaltungen einem Komponisten oder der Musikkultur eines Landes gewidmet.
**Theater Überzwerg:** Kinder- und Jugendtheater, 📞 0681/ 854021
**Internationale Straßentheatertage** im Juli und August
**Saarspektakel** (Drachenschiffrennen auf der Saar) im September

# Saarlouis

**(Kreis Saarlouis)**

Saarlouis klingt nicht nur französisch, die Gründung geht auch auf Frankreich zurück. Der französische König Louis XIV. ließ die Stadt 1680 als Festung in Form eines Sechseckes von seinem Baumeister Sébastian Le Prestre Vauban erbauen. Saarlouis trägt nicht nur den Namen des Königs, sondern auch die bourbonischen Lilien in ihrem Wappen. 1815 fiel die Stadt an Preußen, die sie nun ihrerseits als Grenzfestung gegenüber Frankreich ausbaute. Durch die wirtschaftliche Entwicklung wuchs Saarlouis über seine Festungsgrenzen hinaus. Durch die Zerstörungen während des Zweiten Weltkrieges ging im Stadtkern viel alte Bausubstanz verloren. Saarlouis präsentiert sich heute als eine moderne Stadt mit viel Innenleben, aber auch mit ihren Relikten aus der französischen und preußischen Vergangenheit. Seit 1974 besteht sie aus acht Stadtteilen mit rund 34 500 Einwohnern.

**Tourist-Info**
**Großer Markt 1**
**66740 Saarlouis**
📞 **06831/444449**
🌐 **www.saarlouis.de**

## Sehenswertes

▸ **Historische Altstadt**
Die Altstadt ist mit einem drei Straßenzüge umfassenden Quartier verbunden, in der heute noch zahlreiche historische Handwerkshäuser existieren und in der

es eine große Anzahl gastronomischer Betriebe (Kneipen, Cafés, Bistros, Restaurants) gibt. Die Altstadt ist eine Sehenswürdigkeit für sich, auch wenn sich nicht alle Sehenswürdigkeiten auf dieses Areal begrenzen. Alle sind aber leicht zu Fuß zu erreichen, was mit der historischen Kernstadt zusammenhängt, die eine Größe von rund 400 x 400 m aufwies.

Der quadratische und 10 000 m² umfassende Große Markt hieß während der französischen Zeit „Place des Armes". Er diente als Parade- und Exerzierplatz. Die vier Brunnen an den Marktecken wurden von den Preußen angelegt.

Die Ludwigskirche am Großen Markt wurde 1685 im Barockstil erbaut. Wegen Baufälligkeit musste das Kirchenschiff zweimal abgetragen werden. Das jetzige entstand 1970. Lediglich die beiden Eckhäuschen erinnern noch an die Barockzeit.

Die Kaserne IV am Kleinen Markt stammt aus dem Jahr 1863, als die Stadt schon preußisch war. 1992 wurde sie restauriert und ist seither Teil des Einkaufszentrums „Galerie Kleiner Markt", die völlig erneuert wurde. Sie beherbergt eine großes Kaufhaus und zahlreiche kleinere Geschäfte.

Die Kaserne I in der Pavillonstraße stammt noch aus der Gründerzeit und wurde 1683 erbaut. Der rote Buntsandsteinbau war u.a. von der französischen Infanterie und später von der preußischen Feldartillerie belegt. Nach ihrer Restaurierung 1984/1985 wurden in den oberen Stockwerken Stadtwohnungen angelegt.

Die Kaserne VI in der Alten Brauereistraße entstand zwischen 1866 und 1869 anstelle der ursprünglich französischen Kaserne. Der klassizistische Bau war bis 1918

Stammkaserne eines Infanterieregiments. Nach ihrer Restaurierung 1970 wurden in dem Gebäude die Polizei sowie das Museum, das Archiv und die Bibliothek der Stadt untergebracht.

In der Bierstraße steht das Geburtshaus von Marschall Michel Ney, den Napoleon Bonaparte als „Le brave des braves – der Tapferste unter den Tapferen" ehrte.

Das Kreisständehaus in der Kaiser-Wilhelm-Straße 4–6 wurde 1894/95 gebaut und wird heute noch von mehreren Einrichtungen des Landkreises Saarlouis genutzt. Im Postgässchen steht die ehemalige Synagoge.

*Das Geburtshaus von Marschall Michel Ney.*

Als die Preußen 1815 die Stadt übernahmen, erweiterten sie die Festungsanlagen, darunter auch die Kasematten. Diese wurden in den 1970er-Jahren restauriert. Heute befinden sich hier mehrere Gastronomiebetriebe. Das Deutsche Tor wurde ebenfalls 1970 restauriert. Die Kanonen davor stammen aus dem Deutsch-Französischen Krieg 1870/1871 und wurden aus dem Schlamm des Saaraltarms geborgen. Ihnen vorgelagert befinden sich die Wasser gefüllten Gräben und die Vauban-Insel, die Teil der städtischen Grünanlage sind. Hier stehen die Denkmäler für Marschall Ney und den französischen Soldaten Lacroix, der als letzter der französischen Armee 1815 Saarlouis verließ.

Die Schleusenbrücke wurde 1682–1684 gebaut. Wenn sie geschlossen wurde, stieg der Wasserspiegel der Saar um 6 m. Auch das Umland wurde überflutet. Damit war es Feinden unmöglich, sich der Festung mit ihren Pferden, Wagen und Kanonen zu nähern. Die Schleusenvorrichtungen sind noch heute an der Ostseite der Brückenpfeiler zu sehen.

*Die alten Befestigungsanlagen am Saaraltarm.*

### ▶ Alter Friedhof

Der Alte Friedhof in der Walter-Bloch-Straße zeigt auf den Grabmalen der Personen und Familien, die wechselvolle Geschichte der Grenzfestung und Grenzstadt Saarlouis.

Entstanden ist er 1773. Im 19. Jahrhundert wurde er im Norden durch den sogenannten „allgemeinen Teil" und im Süden durch den „Garnisonsfriedhof" erweitert. Wegen der großen historischen Bedeutung ist die gesamte Anlage des „Alten Friedhofs Saarlouis" als Baudenkmal eingestuft.

Der Förderverein „Alter Friedhof Saarlouis" bietet Führungen an.

**Ansprechpartner:** HansJörg Schu, Schwarzbachstr. 10, 66740 Saarlouis, 📞 06831/40737

# Saarwellingen

### (Kreis Saarlouis)

Grabhügel aus der Bronzezeit bezeugen, dass die Gegend um Saarwellingen schon sehr früh besiedelt war. Den Kelten folgten die Römer und ihnen die Franken. Im 10. Jahrhundert wird in einer Urkunde zwischen 931 und 956 erstmals Wellingen erwähnt. Die Grafen von Wied ließen während der Barockzeit ein Schloss bauen, in dem heute das Rathaus untergebracht ist. Seit 1974 besteht Saarwellingen aus drei Ortsteilen mit rund 13 000 Einwohnern.

**Gemeinde Saarwellingen
Schlossplatz 1
66793 Saarwellingen**
📞 **06838/90070-201, -132**
🌐 **www.saarwellingen.de**

## Sehenswertes

### ▶ Saarwellinger Schloss

Die „Veste Wellingen" wurde erstmals 1376 erwähnt. Doch es wird vermutet, dass die Burg älter war. Während des Dreißigjährigen Krieges wurde sie mehrfach geplündert und zerstört. 1715 bauten die Grafen von Ostfriesland auf den Burgruinen ein Schloss, das jedoch 1766 abbrannte. Die neuen Herren, die Grafen

*Ein Brunnen ziert das Rathaus, das einst ein Schloss war.*

von Wied-Runkel ließen das Schloss sofort wieder aufbauen. 1918 erwarb die Gemeinde Saarwellingen das Gebäude und richtete darin eine Schule ein. 1879 wurde das Schulhaus um einen Anbau erweitert. Es handelt sich um die linke Hälfte des jetzigen Rathauses. Im Zweiten Weltkrieg stark zerstört, wurde es 1948 wieder aufgebaut. 1976/1977 wurde das ehemalige Schlossschulhaus zum Rathaus umgebaut.

▸ **Bauern- und Bürgerhäuser**
Im Ortsteil Reisbach steht der Labacher Hof. Er wurde 1787 von der letzten Äbtissin von Fraulautern, Marie Sophie Baronin von Neuenstein, als Wohngebäude errichtet. Über dem Eingang sind noch ihr Wappen und die Jahreszahl zu sehen.

In der Pickardstraße, ebenfalls in Reisbach, steht das älteste Bauernhaus, das auch „Schuhhannesen Haus" genannt wird. Es wurde saniert und dient heute als Wohngebäude.
Die Hausermühle im Ortsteil Schwarzenholz ist heute ein landwirtschaftlicher Betrieb und wird von acht mächtigen Eichen und einer Buche umsäumt, die als Naturdenkmal ausgewiesen sind. Die Bannmühle im gleichen Ortsteil wurde 1731 als Klostermühle von Fraulautern errichtet und steht in der Nähe der Pfarrkirche. Heute dient sie als Wohngebäude.
Das Leo-Grünfeld-Haus in der Engelstr. 12 war von 1907–1936 eine jüdische Schule. Ihr Namensgeber, Leo Grünfeld, war ein jüdischer Lehrer, der mit seiner Familie 1944 in Auschwitz umgebracht wurde.

▸ **Historische Grenzsteine**
Im Laufe ihrer Geschichte gehörten die drei Ortsteile zu verschiedenen Herrschaften. Daher sind entlang der heutigen und ehemaligen Banngrenzen zahlreiche historische Grenzsteine zu finden. Über die Bedeutung ihrer Inschriften informiert die Gemeinde unter Internet: www.saarwellingen.de.

## Freizeit und Natur

▸ **Wandern und Rad fahren**
Neben zahlreichen Wander- und Radwegen innerhalb der Gemeinde durch Wälder, Parkanlagen und Bachtäler sowie vorbei an historischen Grenzsteinen durchquert Saarwellingen auch der Saar-Mosel-Weg bzw. schließen sich regionale Wege wie z.B. der Hoxbergweg (18 km), Primswanderweg Nalbach-Nonnweiler (56 km) oder der Saar-

Hochwald-Weg von der Hausenmühle bis nach Braunshausen (88 km) an.
Rund um Saarwellingen geht es am Wildfreigehege Wolfsrath, am Freibad und an der Kneippanlage vorbei.

### ▶ Nordic Walking
Rund um den Weiherskopf, am Steinberg und im Lachwald stehen Nordic Walkern drei Wegstrecken von leicht bis schwer zur Verfügung. Es gibt fünf Möglichkeiten des Einstiegs mit Hinweistafeln zum Wegeverlauf.

### ▶ Freibad
Saarwellingen verfügt am ein Freibad, das als Familien- und Erlebnisbad mit einer 60 m-Großwasserrutsche und einer Zwei-Meter-Breitrutsche, einem Wasserpilz sowie mit Massageliegen und Sprudeltreppen ausgerichtet ist. Darüber hinaus sind ein Abenteuerspielplatz, eine Beachvolleyball-Anlage, organisierte Wasserspiele und eine großzügige Liegewiese vorhanden.

**Adresse:**
📞 06838/2418
Öffnungszeiten: täglich 8–20 Uhr, Flutlichtschwimmen nach Ankündigung

### ▶ Besondere Veranstaltungen und Feste
Saarwellingen ist eine der Karnevalshochburgen im Saarland, besonders am Fetten Donnerstag, dem Saarwellinger „Nationalfeiertag", wenn die „Greesen" mit ihren Furcht einflössenden Masken los sind. Dieser „Saarwellinger Nationalfeiertag", wird seit fast 400 Jahren ausgiebig und ausgelassen als Straßenkarneval gefeiert und sehr gut besucht. Der Greesentag schließt mit einem Höhenfeuerwerk ab.

*Während der Karnevalszeiten ist Saarwellingen fest in der Hand der Greesen.*

# Schiffweiler

### (Kreis Neunkirchen)

Schiffweiler wurde erstmals 893 urkundlich erwähnt. Während des Dreißigjährigen Krieges wurde der Ort zerstört und 1664 wieder besiedelt. Auch wenn bereits um 1430 Steinkohle gegraben wurde und 1766 die erste Kohlengrube entstanden war, setzte der Aufschwung in der Gemeinde Mitte des 19. Jahrhundert mit dem Abteufen der Gruben Reden und Itzenplitz bei Heiligenwald ein. Der Bergbau bedingte aber auch schwere Schäden, insbesondere an Gebäuden. 1995 endete die Steinkohlenzeit. Aus ehemaligen Grubenanlagen entstanden das Prähistorium, das Naherholungsgebiet Itzenplitzer Weiher, die Bergmannsalm auf der Bergehalde und die Wassergärten. Seit 1974 besteht die Gemeinde Schiffweiler aus vier Ortsteilen mit rund 15 800 Einwohnern.

Gemeinde Schiffweiler
Rathausstr. 7–11
66578 Schiffweiler
📞 06821/ 6780
🌐 www.schiffweiler.de

## Sehenswertes

▶ **Erlebnisort Reden – Gondwana – Das Prähistorium**

Gondwana – Das Prähistorium versteht sich als Erlebnismuseum. Es wurde 2008 eröffnet. Mit modernster Animationstechnik und audio-visuellen Verfahren führt es die Besucher durch 4,5 Milliarden Jahre Erdgeschichte mit Naturgewalten, Landschaften und Tieren, die wie lebensecht wirken. Das Museum wurde um die Z.E.R.A. Zeitreise erweitert, die die verschiedenen Stationen der Menschheitsgeschichte aufzeigt und erleben lässt. Ein besonderes Erlebnis ist auch die Animation des Riesenhais „Megalodon". Für Kinder steht ein Indoor-Spielplatz mit Klettermöglichkeiten zur Verfügung.

*Im Gondwana Prähistorium kann man die Erdzeitalter fast lebensecht erfahren.*

**Adresse:** Bildstockstraße, 66578 Schiffweiler
📞 06821/93163-25
🌐 www-gondwana-das-praehistorium.de
Öffnungszeiten Apr–Okt: Mi–So 10.00–19.00 Uhr
Öffnungszeiten Nov–März: 10.00–18.00 Uhr, andere Öffnungszeiten während der Schulferien

▶ **Bergmannsalm**

Auf der ehemaligen Bergehalde der Grube Reden wurde die Bergmannsalm eingerichtet. Man kann die Halde zu Fuß besteigen oder sich mit dem Alm-Express hinauffahren lassen. Oben erwartet die Besucher nicht nur eine weite Aussicht, sondern auch eine Almhütte mit Bar und Biergarten. Im Sommer wird die Bergmannsalm mit Veranstaltungen des Saarländischen Rundfunks für zehn Tag zur Sommeralm.
🌐 www.bergmannsalm.de und www.sr.de

▶ **Wassergärten**

Der Wassergarten auf dem Gelände der ehemaligen Grube Reden dient der Rückhaltung des Regenwassers sowie der energetischen Nutzung und Abkühlung des Grubenwassers und damit auch zur ökologischen Entlastung des Klinkenbaches. Die gesamte Anlage mit den fünf Becken erstreckt sich über eine Länge von 735 Metern und eine Fläche von 29 000 m², davon 13 000 m² Wasserfläche. Ein Höhepunkt ist der spektakuläre Mosesgang mit Wasserfällen im warmen Nebel des Grubenwassers.
**Adresse:** Alexander-von-Humboldt Straße, 66578 Schiffweiler
📞 06821/972920
Öffnungszeiten: täglich rund um die Uhr

*Von der Bergehalde Reden aus genießt man einen weiten Panoramablick auf die ehemalige Grube Reden und die Orte Heiligenwald und Landsweiler-Reden.*

## Museen

▶ **Zentrum für Biodokumentation**
Das Zentrum für Biodokumentation gehört zum Ministerium für Umwelt und Verbraucherschutz und besteht seit 2002. Neben seinen Aufgaben zur Dokumentation und Erhaltung der Flora und Fauna des Saarlandes unterhält es eine zoologische, geowissenschaftliche und geologische Sammlung sowie das Herbarium des Bundesamtes für Naturschutz.
**Adresse:** Am Bergwerk 11, 66578 Schiffweiler
📞 0681/5013452
Öffnungszeiten: Di–Fr, 9.00–17.00 Uhr und nach Vereinbarung

## Freizeit und Natur

▶ **Wandern**
Neben Wanderungen im Naherholungsgebiet Itzenplitzer Weiher (siehe: Friedrichsthal) bietet die Gemeinde Schiffweiler auch geführte industriekulturelle Wanderungen an. Sie beschäftigen sich mit dem Bergbau in der Gemeinde und dem Leben der Bergmannsfrauen damals.
📞 06821/678-43 oder 06821/963228
Frauenwanderung: 📞 06821/630830
Die drei Bergbauwege A, B und C können auch ohne Führung begangen werden. Informationen hierzu unter:
🌐 www.schiffweiler.de/bergbauwege

Den Naturerlebnisweg Striet hat die Gemeinde Schiffweiler zusammen mit dem Naturschutzbund (NABU) angelegt. Er ist 2,3 km lang und informiert über Umwelt und Natur. Start und Ziel sind am unteren Ende der Bauernstraße.

Zwischen Schiffweiler und Ottweiler bieten die Naherholungsgebiete Kobenwäldchen und Eisenhumes weitere 10 km Wanderwege.

### ▶ Heidegarten
Eine Vielzahl von Heidearten und -sorten, Rhododendren, Azaleen, Farne und Stauden bietet der Heidegarten der Familie Schell.
**Adresse:** In der Schlanggasse 23, 66578 Schiffweiler
📞 06824/7467

### ▶ Rosen Brill
Beim „Rosen Brill" können die Besucher nicht nur die vielen Sorten bewundern, sondern sich auch eingehend über die Zucht der Königin der Blumen informieren. Adresse: Am Kastelberg 59, 66578 Schiffweiler
📞 06821/6223

### ▶ Pferdezentrum Heiligenwald
Die Anlage für den Trabrennsport umfasst 750 m Rundenlänge mit 14 m Breite, Startauto und Zielfoto. Alljährlich finden Renntage statt.
**Adresse:** Trabrenn- und Reitverein Heiligenwald, Wemmetsweilerstr., 66578 Schiffweiler
📞 06821/98180

### ▶ Freibad Landsweiler-Reden
Es verfügt über zwei Becken mit 25 und 50 m Länge, eine 70 m lange Rutsche, Beachvolleyball-Platz, Spielplatz, Tischtennisplatten und ausgedehnte Liegewiesen.
**Adresse:** Am Volksbad, 66578 Schiffweiler
📞 06821/67128
Öffnungszeiten: Mitte Mai–Mitte Sept: 9.30–18.30 Uhr

# Schmelz

**(Kreis Saarlouis)**

Die Gemeinde Schmelz leitet ihren Namen von einer Eisenschmelze ab, die von 1686 bis 1868 hier gestanden hat. Unter diesem Namen besteht sie als Gemeinde seit 1937, nachdem sich zwei Ortschaften zusammengeschlossen hatten. 1974 kamen weitere bis dahin selbstständige Dörfer hinzu, so dass Schmelz heute aus sechs Ortsteilen mit rund 16 600 Einwohnern besteht. Sie ist die bevölkerungsreichste Gemeinde im nördlichen Saarland.

**Gemeinde Schmelz**
**Rathausplatz 1**
**66839 Schmelz**
📞 **06887/3019**
🌐 **www.schmelz.de**

## Sehenswertes

### ▶ Bettinger Mühle
Die Bettinger Mühle wurde erstmals 1246 urkundlich erwähnt. Renoviert und saniert,

ist sie heute sowohl ein Kulturzentrum als auch ein Museum für Mühlentechnik. Hier kann man alle Stationen der Mehlgewinnung miterleben. Darüber hinaus werden Backkurse angeboten. Das Anwesen ziert auch ein bäuerlicher Lehr- und Schaugarten.
**Adresse:** Hüttersdorfer Str. 29, 66839 Schmelz
📞 06887/888654
🌐 www.muehlenmuseum-schmelz.de
Öffnungszeiten: nach Vereinbarung

*In der Bettinger Mühle hat man sich das Wasser der Prims zum Mahlen zunutze gemacht.*

### ▶ Birg bei Limbach

Die Birg bei Limbach war eine Höhenbefestigungsanlage, die als Zuflucht von der Keltenzeit bis ins frühe Mittelalter genutzt wurde. Ihre Überreste befinden sich auf einer Erhebung eines Ausläufers des Großen Horstes. Sie ist von der L 145 über die Bahnhofstraße zu erreichen. Vom Parkplatz aus sind es noch 15 Minuten Fußweg.

### ▶ Altes Zollhaus in Bettingen

Das Gebäude in der Marktstr. 24 wurde bereits vor 1630 gebaut und 1682/1683 erweitert. Hier wurden Brückengeld und Straßenzoll bezahlt. 1730 wurde es als Unterkunft für die Arbeiter der Eisenschmelze umgebaut. Nach gründlicher Sanierung dient es heute als Kultur- und Sozialforum.

### ▶ Außener Glockenturm

Es handelt sich dabei um den Chorturm der Kapelle St. Matris Dolorosa von 1384. Das Kirchenschiff wurde abgerissen, der Turm saniert.
**Adresse:** Robert-Koch-Straße, 66839 Schmelz

### ▶ Alte Kirche in Limbach

Die Mauern des Kirchturms gehen auf das 11. und 12. Jahrhundert zurück. In ihnen wurden römische Sandsteinquader verbaut, die von der „Birg" stammen. Vor der Kirche stehen weitere Sandsteinquader und Reliefsteine. Der Turm ist eines der ältesten Baudenkmäler im Kreis Saarlouis. Im Innern befinden sich Deckenmalereien aus dem 15. Jahrhundert.

## Freizeit und Natur

### ▶ Wandern

Zehn Rundwanderwege bilden ein rund 170 km langes Wanderwegenetz. Dazu gehören u.a. der Geologische Rundwanderweg (9,3 km), der Erzgräberweg (12,5 km), der Bohnental-Rundweg (16 km), der Rötelweg (11,5 km), der Premiumwanderweg der Gemeinde Schmelz (15,4 km) und der Raubritterpfad Limbach (3,2 km). Markierte Rundwege führen um jeden Ortsteil. Sie

*Die Dorfkirche Limbach geht bis ins 11. und 12. Jahrhundert zurück.*

sind zwischen 7–10 km lang. Der „Große Schmelzer Rundweg" misst 42 km und kann auch in Etappen erwandert werden. Ausgangspunkte sind der Wanderparkplatz „Bildstöckchen" zwischen Schmelz und Limbach, der Sportplatz in Primsweiler und die Ortsmitte im Dorf Bohnental. Kostenlose Broschüren bei der Gemeinde und unter ⊕ www.schmelz.de/freizeit-und-tourismus/wandern/oertliche-rundwanderwege

### ▶ Nordic Walking
Nordic Walkern stehen drei Parks mit Strecken von jeweils 4 bis 9 km zur Verfügung und zwar am Großen Horst, in Hüttersdorf und im Moritzwald. Darüber hinaus lädt der „Franz-Klesen-Pfad" am Großen Horst

mit 1,5 km zum Walken, Wandern und Spazierengehen ein.

### ▶ Rad fahren
Die Schmelzer Fahrrad-Runde ist 31 km lang und führt durch Talauen, an Weihern und Teichen vorbei und über Höhenzüge mit Fernblicken. Einstiegsmöglichkeiten bestehen am Wanderparkplatz am Engelsgrundweiher bei Hüttersdorf, am Wanderparkplatz an der B 268 zwischen Schmelz und Lebach sowie am Wanderparkplatz an der L 333 zwischen Gresaubach und Limbach. Der Prims-Theel-Erlebnisweg ist 7 km lang und ein Gemeinschaftsprojekt von Schmelz, Nalbach und Lebach. Einen Flyer dazu findet man unter ⊕ www.schmelz.de/freizeit-und-tourismus/radfahren

### ▶ Heidebad Schmelz
Das Heidebad ist ein Freibad mit Kinderplansch-, Schwimmer-, Nichtschwimmer- und Springerbecken. Eine Riesenrutsche von 90 m Länge und eine kleinere sorgen für Wasserspaß, dazu ein Wasserpilz, zwei Beachvolleyball-Felder, ein Spielplatz und weite Liegewiesen.
**Adresse:** Am Heidebad, 66839 Schmelz
☎ 06887/2165
⊕ www.heidebad-schmelz.de
Öffnungszeiten: 10.00–18.00 Uhr

# Schwalbach

**(Kreis Saarlouis)**

Als „Swalpach" wurde Schwalbach erstmals im 14. Jahrhundert in einer Mettlacher Güterrolle urkundlich erwähnt. Um 1840 befand sich im Ort eine für die damaligen Verhältnisse große Papierfabrik. Den Aufschwung brachten jedoch Bergbau und Eisenindustrie in den benachbarten Städten und Gemeinden. Nach der zweiten Gebietsreform 1982 besteht die Gemeinde Schwalbach aus drei Ortsteilen mit rund 17 800 Einwohnern.

**Gemeinde Schwalbach**
**Hauptstr. 92**
**66773 Schwalbach**
📞 **06834/ 5710**
🌐 **www.schwalbach-saar.de**

## Sehenswertes

▸ **Aussichtsturm Krickelsberg**
Auf dem 13 m hohen Aussichtsturm auf dem Krickelsberg genießt man einen weiten Blick über die Gemeinde Schwalbach.

▸ **Keltenhügelgräber am Sauwasen**
Das Wagengrab aus der Hallstattzeit, 5. Jh. v. Chr., ist rekonstruiert. Bei den Ausgrabungen fand man die Reste eines vierrädrigen Wagens und einen goldenen Ohrring, was u. a. auf die hohe gesellschaftliche Stellung des Toten schließen lässt.

▸ **Alte Schachtanlage Elm**
Der Elmer Schacht wurde im Jahre 1936 auf 280 m abgeteuft und 1972 stillgelegt.

1957 wurden die Gruben Griesborn und Duhamel zu einer Anlage, der Grube Ensdorf, zusammengefasst. Heute sind von den vielen Standorten dieser Industriekultur nur noch der Elmer Schacht zu sehen.

▸ **Mariengrotte**
Ein Mutter-Gottes-Bildstöckel war der Vorläufer der Mariengrotte. Um das Jahr 1850 war an dieser Stelle ein Hirtenrastplatz und in der Nähe der Kalkofen von Hülzweiler vermutet. Seither ist hier ein Ort der Marienverehrung. Die Grotte in der heutigen Form ist im Jahre 1946 neu gestaltet worden.

## Museen

▸ **Schmiede- und Schlossermuseum**
Im Kompressorenhaus der ehemaligen Grube Griesborn befindet sich das Schmiede- und Schlossermuseum. Zu sehen sind verschiedene Maschinen, Transmissionen,

*Im Schmiede- und Schlossermuseum sind zahlreiche Ausstellungsstücke aus dem Handwerk und der industriellen Produktion zu sehen.*

Geräte, Werkzeuge und Werkstücke sowohl aus dem Handwerk als auch aus der industriellen Produktion.
**Adresse:** Alleestr. 20, 66773 Schwalbach-Griesborn
📞 06831/444449
Öffnungszeiten Mai–Okt: So 14.00–18.00 Uhr und nach Vereinbarung

▶ **Flachsmuseum**
Das Flachsmuseum entwickelte sich 1986 aus einem Projekt der Schule am Eisenbahnschacht Griesborn. Damals untersuchten die Schüler die Arbeitsschritte vom Flachs zum Leinen. Flachsanbau im Schulgarten, Verarbeitung von der Ernte bis zum fertigen Leinen, die dazu nötigen Arbeitsgeräte und weitere Flachsprodukte werden in dem Museum vermittelt und dargestellt.
**Ansprechpartner:** Verein „Museen in Schwalbach e.V.", Schulstraße 59, 66773 Schwalbach
📞 0160/1727339
Öffnungszeiten: Mai–Okt So 14.00–18.00 Uhr, Nov–Apr nach telefonischer Anmeldung
Führungen ganzjährig nach telefonischer Voranmeldung

▶ **Heimatmuseum Dickfranzenhaus**
Im Heimatmuseum Dickfranzenhaus, erbaut um 1588, wird die Dorfgeschichte gepflegt. Es enthält ein umfangreiches Archiv mit alten Dokumenten, Schriften und Büchern zur Ortsgeschichte und Mundart und ein Bildarchiv. Rezepte aus Großmutters Zeiten werden ausprobiert, Brot und Kuchen gebacken sowie Handarbeiten durchgeführt.
**Adresse:** Hauptstr. 211a, 66773 Schwalbach

📞 06834/4680150
Öffnungszeiten: Mi 9.00–18.00 Uhr

*Das Dickfranzenhaus dient der Pflege der Dorfgeschichte.*

## Freizeit und Natur

▶ **Wandern und Rad fahren**
Die Gemeinde Schwalbach bietet eine Reihe von markierten Wanderwegen zwischen 6 und 15 km an, darunter Besinnungsweg, Mühlenweg durch das Sprenger Bachtal, Panoramaweg mit weiten Aussichten, Weiherweg, Keltenweg, Museumsweg und Theaterweg entlang der Freilichtbühne, dem Hallenfreibad, dem Aussichtsturm Krickelsberg und der Waldkapelle.
Ausführliche Informationen unter
🌐 www.schwalbach-saar.de/freizeit-a-tourismus/wandern
Als Radwanderweg bietet sich die Schwalbacher Runde an. Sie ist 34 km lang und führt durch die Ortsteile Elm, Hülzweiler und Schwalbach, über Höhenwege mit weiten Ausblicken, durch ländliche Umgebung, vorbei an zahlreichen Schutzhütten, Weihern, Aussichtspunkten und viel Sehenswertem.

Eine Karte findet man unter
🌐 www.schwalbach-saar.de/
freizeit-a-tourismus/radeln

▶ **Freilichtbühne Hülzweiler**

Die Freilichtbühne Hülzweiler bietet neben
traditionellen Theateraufführungen zahlreiche weitere Kulturveranstaltungen,
Pop- und Rockkonzerte sowie klassische
Musik an.

▶ **Puppentheater Gabi Kussani**

Im Puppentheater Gabi Kussani öffnet sich
von Erntedank bis Ostern jeden Sonntag
um 15 Uhr der rote Vorhang. Angeboten
werden alte Märchen oder moderne Kin-
derliteratur, pädagogisches Puppenspiel
oder traditionelles Kasperletheater,
**Adresse:** Am alten Schacht 36,
66773 Schwalbach-Elm
📞 06834/952656
🌐 www.puppentheater-kussani.de

▶ **Hallen- und Freibad Schwalbach**

Es stehen je nach Saison ein Hallen- und
ein Freibad zur Verfügung.
**Adresse:** Großwaldstr., 66773 Schwalbach
📞 06834/4005822

▶ **Weitere Angebote**

Tennisplätze mit Hallen, Bouleplätze,
Reitsportanlage, Freiland-Schachanlage im
Hallen- und Freibad, Kneipp-Anlagen

# Spiesen-Elversberg

**(Kreis Neunkirchen)**

Spiesen-Elversberg besteht aus zwei
Ortsteilen, die 1974 zu einer Gemeinde
zusammengeschlossen wurden. Spiesen
ist der ältere der beiden und wurde 1195
erstmals urkundlich erwähnt. Doch wie
Funde bewiesen, war bereits den Römern
die Siedlungsstelle bekannt. Als 1847 der
Heinitz-Stollen angeschlagen wurde, wurde auf dem „Elmersberg" ein Schlafhaus
für die ersten Bergleute gebaut. Ab 1852
siedelten sich dort immer mehr Gruben-
arbeiter an, sodass aus der Kolonie 1872
die Gemeinde Elversberg entstand. Heute
zählt die Doppelgemeinde rund 13 000
Einwohner.

**Gemeindeverwaltung Spiesen-
Elversberg**
**Hauptstr. 116**
**66583 Spiesen-Elversberg**
📞 **06821/791-0**
🌐 **www.spiesen-elversberg.info**

*i*

## Sehenswertes

▶ **Spieser Mühle**

Die Spieser Mühle zwischen Rohrbach und
Spiesen entstand 1538. Nach ihrer Zerstörung im Dreißigjährigen Krieg wurde sie
wieder aufgebaut und war im 18. Jahrhundert auch eine Sägemühle, die durch Wasserkraft angetrieben wurde. 1898 wurde
sie stillgelegt, da sie gegenüber ihrer mit
Dampf oder Elektrizität betriebenen Kon-

kurrenz nicht mehr bestehen konnte. Heute stehen im Mühlental Freizeit und Erholung im Vordergrund. Von der Spieser Mühle aus führen Wanderwege zum Glashütter Weiher und ins Kleberbachtal, die allerdings zum Teil schon auf St. Ingberter Bann liegen. Oberhalb des Weihers am Nordufer gibt es eine Schutzhütte und einen Grillplatz.

*Erinnerungen an die Bergbauzeit vor dem alten Wasserwerk an der Spieser Mühle.*

*Der 17 m hohe Galgenbergturm ist das Wahrzeichen der Gemeinde Spiesen-Elversberg.*

▶ **Galgenbergturm**
Zwischen Spiesen und Elversberg erhebt sich der Galgenberg. Dort steht auch der 17 m hohe Galgenbergturm, der 1934 errichtet wurde und das Wahrzeichen der Gemeinde ist. Der Turm kann von April–Oktober bestiegen werden. Der Schlüssel dazu ist bei der Gemeindeverwaltung oder bei Manfred Schlosser, 📞 0179/4787338 erhältlich. Vom Turmplateau aus genießt man einen weiten Rundblick über den Landkreis Neunkirchen und den Saarpfalz-Kreis.

▶ **Gänselieselbrunnen**
Der Gänselieselbrunnen steht vor dem Lion'schen Haus in der Ortsmitte von Spiesen am Gänselieselplatz 1. Er wurde 1935 erbaut und erinnert an die Sage vom

Gänseliesel, das im Dreißigjährigen Krieg die Gänseherde der Gemeinde gerettet und damit die Spieser vor dem Verhungern bewahrt haben soll.

*Der Gänselieselbrunnen vor dem Lion'schen Haus in Spiesen.*

## Museen

### ▸ Heimatmuseum Spiesen

Das Heimatmuseum Spiesen ist in einem der ältesten Gebäude Spiesens, dem Lion'schen Haus, untergebracht. Auf zwei Stockwerken zeigt es zahlreiche Gegenstände, Urkunden, Karten, Fotos und weitere Belege aus der Geschichte Spiesens, von der keltisch-römischen Vorgeschichte, der Kirchengeschichte, aus der Bergbau- und Eisenhüttenzeit bis hin zur baulichen Entwicklung.
**Adresse:** Gänselieselplatz 1, 66583 Spiesen-Elversberg
☎ 06821/72738 oder 06821/72466
Öffnungszeiten: jeden ersten So im Monat 15.00–18.00 Uhr und nach Vereinbarung

### ▸ Heimatstube Elversberg

Alte Fotos, Urkunden, Dokumente über den Ortsteil Elversberg, seine Vereine und Persönlichkeiten werden hier ebenso präsentiert, wie geologische Exponate und bergmännische Geräte.
**Adresse:** St. Ingberter Str. 19, 66583 Spiesen-Elversberg
☎ 06821/71977
Öffnungszeiten: Mi 17.30–19.00 Uhr und nach Vereinbarung

### ▸ Maritimes Museum

Hier werden maritime Ausstellungsstücke aus der Geschichte der Marinekameradschaft 1934 Spiesen ausgestellt.
**Adresse:** Marktstr. 4, 66583 Spiesen-Elversberg
☎ 06821/973056
Öffnungszeiten: jeden ersten So im Monat 14.00–18.00 Uhr und nach Vereinbarung

## Freizeit und Natur

### ▸ Wandern und Rad fahren

Ob zu Fuß, mit dem Rad oder zu Pferd, Spiesen-Elversberg verfügt über zahlreiche, zum Teil markierte Wanderwege, zum Beispiel den Brunnenweg, den Grenzsteinweg, den Karl-May-Weg oder durch das Ruhbach-, Weilerbach-, Mühlen- und Kleberbachtal sowie über den Gänsberg.

### ▸ Weitere Angebote

Reiten, Tennis, Fußball

# St. Ingbert

### Kreis Saarpfalz

St. Ingbert umfasst die Stadtteile St. Ingbert-Mitte (mit Sengscheid), Rohrbach, Hassel, Oberwürzbach mit Rittersmühle und Reichenbrunn) sowie Rentrisch. Die Stadt hat rund 37 000 Einwohner. Das Gebiet war bereits während der Mittleren Steinzeit besiedelt. Der Name leitet sich von Ingobertus ab, der am Ende des 6. Jahrhunderts die Menschen hier zum christlichen Glauben missionierte. Erstmals urkundlich erwähnt wurde der Ort als Lendelfingen 888. Die Entwicklung St. Ingberts wurde durch seine Steinkohlengrube, das Eisenwerk und die Glashütten bestimmt. Weithin bekannt war auch die Bierbrauerei Becker, deren 40 m hoher Turm heute noch eines der Wahrzeichen der Stadt ist.

**Stadt St. Ingbert**
**Am Markt 12**
**66386 St. Ingbert**
📞 06894/13-0
🌐 www.st-ingbert.de

## Sehenswertes

▶ **Engelbertskirche**
Mitten in der Fußgängerzone steht die
Engelbertskirche, die 1755 von den damaligen Herren, den Grafen von der Leyen,
errichtet wurde. Sie ist eine Barockkirche
mit einer aufwendigen Fassade, an der das
gräfliche Wappen angebracht ist. Selbi-
ges Wappen schmückt auch die beiden
vorderen Bänke im Innern. An der Kanzel
befinden sich die vier Evangelisten.

▶ **St. Josefs-Kirche**
Die katholische Pfarrkirche St. Josef ist die
zweitgrößte Kirche im Bistum Speyer und
wurde 1893 eingeweiht. Das neugotische
Gotteshaus ist ein weiteres Wahrzeichen
St. Ingberts. 2007 wurde St. Josef durch ein
Feuer stark beschädigt, wieder hergerichtet und 2011 erneut seiner Bestimmung
übergeben.

▶ **Alte Schmelz**
Werk und Siedlung der „Alten Schmelz"
bilden ein Ensemble der Industriekultur
um das ehemalige Eisenwerk, das 1733
gegründet wurde. Charakteristisch ist die
enge Nachbarschaft zwischen Arbeit und
Wohnen. An der Vielfalt und Vollständigkeit der inzwischen restaurierten Indust-
riebauwerke und Wohnhäuser lassen sich
alle Phasen der Entwicklungsgeschichte
der „Alten Schmelz" nachvollziehen. Die

Wohnhäuser werden heute noch bewohnt.
Eine ehemalige Industriehalle wird für
Veranstaltungen genutzt. Informationen
unter 📞 06894/590670

▶ **Rischbachstollen**
Der Rischbachstollen gehört zur ehemaligen Steinkohlengrube St. Ingbert, die 1959
stillgelegt wurde. Ehemalige Bergleute
richteten 1990 den heute zugänglichen
Teil zum „Besucherbergwerk Rischbachstollen" wieder her. Nach der Umkleidung
im ehemaligen Zechenhaus können die
Besucher in originaler Bergmannskleidung
unter fachmännischer Führung den Stollen
„befahren". Dabei lernen sie die bergmännische Arbeit kennen, als noch Hand-
arbeit gefragt war. Wer will, kann auch
persönlich Hand anlegen, um die Härte
der Arbeit zu spüren. Zusätzlich kann auch
ein „Bergmannsfrühstück" dazugebucht
werden. Auch Kindergeburtstage können
im Besucherbergwerk gefeiert werden.
**Adresse:** Am Grubenstollen 13, 66386 St.
Ingbert.
📞 06894/169049
🌐 www.rischbachstollen.de
Öffnungszeiten: Tage der offenen Tür für
jeweils am letzten Sa in den Monaten Feb,
Apr, Juni, Aug, Okt und nach Vereinbarung

▶ **Großer Stiefel**
Der Große Stiefel ist mit seinen rund
400 m der „Hausberg" von St. Ingbert. Er
ist der Berg der Natur, Kultur und Sagen
und erhebt sich im Westen vor der Stadt.
Man erklimmt ihn meistens vom Waldparkplatz Sengscheid aus entweder auf
dem direkten, sehr steilen Pfad oder be-
quemer über einen langsam ansteigenden
Waldweg, der dazu noch an den Über-

*Der sagenumwobene Stiefelfelsen ist eines der Wahrzeichen St. Ingberts.*

resten des ehemaligen Stiefeler Schlosses vorbeiführt. Auf dem Plateau steht ein mächtiger Buntsandsteinfelsen, den Wind und Wasser zu einem umgedrehten Stiefel geformt haben. Daneben steht der über 3 m hohe Teufelstisch, ebenfalls ein Fels. Beide sollen zur Keltenzeit Kultstätten gewesen sein. Der Stiefelfelsen ist ein weiteres Wahrzeichen St. Ingberts. Um ihn ranken sich zahlreiche Sagen. Die bekannteste handelt vom Riesen Kreuzmann, der seinen Wetzstein bis nach Rentrisch geworfen haben soll. Dort steht er heute als

▸ **Spellenstein**
Sein Alter wird auf 4000 Jahre geschätzt. Er hat die Form einer vierkantigen Spindel, ragt 5 m in die Höhe und 2 m in die Tiefe und besteht aus hartem Sandstein. Vermutlich diente er als Kultstätte und Kalender.

▸ **„Hänsel und Gretel"**
Südlich des Stiefels und Sengscheids und am oberen Ende des Grumbachtals steht das gallo-römische Götterdenkmal von Nantosvelta und Sukellus. Im Volksmund werden sie „Hänsel und Gretel"

*Im Stadtteil Rentrisch erhebt sich in einem Vorgarten der Spellenstein, ein 5 m hoher und 4000 Jahre alter Menhir.*

genannt. Vermutlich stammt es aus 2. oder 3. Jh. n. Chr. Man muss schon genau hinschauen, um die beiden Figuren zu erkennen, denn das Felsenrelief ist arg verwittert. Forscher vermuten, dass die Stiefelfelsen, das Götterdenkmal und der Spellenstein bei unseren Vorfahren in enger Beziehung zueinander standen.

## Museen

▸ **Albert-Weisgerber-Museum**
Zu den bekanntesten St. Ingbertern gehört der Maler Albert Weisgerber (1878–1915). Seine Werke sollen in dem neu zu eröff-

*Vom Kahlenberg zwischen Rohrbach und Hassel genießt man eine weite Aussicht über St. Ingbert und seine Umgebung.*

nenden Albert-Weisgerber-Museum in der „Neuen Baumwollspinnerei" zu sehen sein. Das alte Museum ist geschlossen. Wann das neue eröffnet werden soll, steht noch nicht fest.

### ▸ Galerie KA
Hobby- und Freizeitkünstler können ihre Werke in der Galerie KA ausstellen. Diese befindet sich in der Stadtbücherei, Kaiserstraße 71, 66386 St. Ingbert.
Öffnungszeiten: Mo–Do 10.00–17.00 Uhr, Fr und Sa 10.00–13.00 Uhr

### ▸ Kulturhaus
Im Kulturhaus in der Annastraße befindet sich die Dauerausstellung „St. Ingbert in alten Ansichten" von Karl Laval (1901–1991).

Adresse: Annastr. 30, 66386 St. Ingbert
Öffnungszeiten: Mo–Do 8.00–16.00 Uhr und Fr 8.00–12.00 Uhr

### ▸ Rathaus-Galerie
Vier wechselnde Ausstellungen pro Jahr sind auch in der Rathaus-Galerie im ersten Obergeschoss zu sehen.
Adresse: Am Markt 12, 66386 St. Ingbert
Telefon: 06894/13352

## Freizeit und Natur

### ▸ Wandern und Rad fahren
St. Ingbert verfügt über einen großen Waldanteil (über 50 Prozent) und damit über ein großes Netz an Wanderwegen. Beispiele hierfür sind der 11 km lange

Hüttenwanderweg und der 38 km lange St. Ingberter Rundwanderweg. Ausführliche Informationen dazu erhält man in den Wanderkarten für St. Ingbert und die saarpfälzische Region, die an der Info-Theke im Rathaus erhältlich sind.

📞 06894/13730

Radfahrer erfreuen sich an der 30 km langen Sieben-Weiher-Tour, die an den Weihern St. Ingberts und Niederwürzbachs vorbeiführt, Mountainbiker an der „Pur". Weitere Wanderwege mit unterschiedlich schweren Ansprüchen führen zum Glashütten-Weiher bei Rohrbach, in den Fröschenpfuhl bei Hassel, auf den Kahlenberg zwischen Rohrbach und Hassel, auf den Hochscheid zwischen Hassel und Oberwürzbach, das Laichweihertal mit den Eichertsfelsen bei Oberwürzbach und auf den Stiefel von Rentrisch her.

#### ▶ St. Ingberter Wasserwelt – Das Blau

Vor wenigen Jahren wurde „das Blau" eröffnet, ein kombiniertes Hallen- und Freibad. Es verfügt über ein Sportbecken, ein familienfreundliches Schwimmbecken mit sanft absteigender Treppe, die größte Wasser-Reifenrutsche im Saarland und einen speziellen Bereich für Kleinkinder, dazu im Außenbereich über große Liegewiesen.

**Adresse:** Arthur-Kratzsch-Straße 6, 66386 St. Ingbert
📞 06894/9552500
🌐 www.das-blau.de
Öffnungszeiten: Mo 8.00–14.00 Uhr, Di–Fr 8.00–22.00 Uhr, Sa und So 8.00–20.00 Uhr

#### ▶ Besondere Veranstaltungen

**Internationales Jazz-Festival** im März/April

**Woche der Kleinkunst** mit der Verleihung der „St. Ingberter Pfanne" im September
**Edelsteinbörse** Anfang November
**„Tag der Gören und Lausbuben"** im September: Jungen und Mädchen beschäftigen sich in der Fußgängerzone mit Spielen ihrer Groß- und Urgroßeltern
**Ingobertusmesse** am ersten Oktoberwochenende: größte Verbrauchermesse außerhalb der Landeshauptstadt

# St. Wendel

### (Kreis St. Wendel)

Der Name der Stadt leitet sich von Sankt Wendelin (lat. Wendalinus) ab, der im 7. Jahrhundert in dieser Gegend als Einsiedler lebte. Er soll irisch-schottischen Mönchen angehört haben. 1332 erhielt St. Wendel von Kaiser Ludwig dem Bayern die Stadtrechte. Über mehrere Jahrhunderte gehörte die Stadt zum Kurfürstentum Trier. Der Wiener Kongress 1815 sprach Stadt und Umland dem Herzogtum Sachsen-Coburg-Saalfeld zu. Mehrere Jahre lang residierte hier die Stammmutter der Windsors, Herzogin Luise, bevor das St. Wendeler Land preußisch wurde. Seit 1974 besteht St. Wendel aus 16 Stadtteilen mit rund 26 000 Einwohnern. Sie ist auch Kreisstadt des gleichnamigen Landkreises.

**Tourist-Info St. Wendel**
**Rathausplatz 1**
**66606 St. Wendel**
📞 06851/809-1913
🌐 www.sankt-wendel.de

## Sehenswertes

### ▶ Wendelinusbasilika

Mitten in der Stadt erhebt sich die Wendelinusbasilika. Sie ist eine spätgotische Hallenkirche, die 1360 eingeweiht wurde. In den folgenden Jahrzehnten wurde das Gotteshaus immer wieder erweitert. In seinem Innern befindet sich das Hochgrab mit Lade und Gebeinen des Namensgebers St. Wendelin. Sehenswert sind auch die Steinkanzel und die Gewölbemalereien, beeindruckend die Ausmaße: Die 1960 von Papst Johannes XXIII. erhobene Basilika minor ist 52 m lang und 17 m hoch. Ihr Turm misst 69 m. Sie wird jährlich von vielen Tausend Pilgern besucht und ist tagsüber am Seiteneingang geöffnet.

### ▶ Wendelinuskapelle

Am Fuß des Bosenbergs steht die Wendelinuskapelle. Sie wurde 1755 gebaut und zeichnet sich durch einen auf drei Seiten geschlossenen Rechtecksaal mit einem quadratischen Sakristei-Anbau aus. An der stuckierten Voutendecke befindet sich ein Strahlenkreuz mit dem Auge Gottes. Ein offenes Glockentürmchen erhebt sich aus dem Schieferdach. Eine Legende erzählt, dass hier St. Wendelinus als Einsiedler gelebt haben soll.
Öffnungszeiten: täglich von 9.00–18.00 Uhr

### ▶ Bürgerhäuser

Am Fruchtmarkt und Schlossplatz stehen beeindruckende Bürgerhäuser aus dem 18. und 19. Jahrhundert. Hier befindet sich auch das Rathaus, das 1740 gebaut wurde und sowohl als Schloss als auch als Amtshaus diente.

### ▶ Kugelbrunnen

Am Kugelbrunnen, der von Christian Mayer erschaffen wurde, werden die Gesetze der Physik zum Spiel. Die 4,2 t schwere Kugel aus dem Halbedelstein Amazonit-Granit schwebt und dreht sich auf einer dünnen Wasserschicht in einer Senke des Sockelsteines, was die Kraft des Wassers bewirkt.

### ▶ Führungen

Die Stadt St. Wendel bietet auch Führungen an, sowohl klassische Stadtführungen als auch nächtliche Touren mit dem Nachtwächter.

*Mitten in der Stadt erhebt sich die Basilika.*

*Der Kugelbrunnen mit seinem 4,2 t schweren Halbedelstein, der sich auf dem Wasser dreht.*

🌐 www.sankt-wendel.de/tourismus/stadtfuehrungen

## Museen

▶ **Steyler Missionshaus mit Völkerkundlichem Museum**
Oberhalb der Stadt auf dem Atzenhübel erhebt sich das Steyler Missionshaus. Es wurde 1889 gegründet und verfügt u.a. über ein „Völkerkundliches Museum". Darin werden nicht nur fremde Kulturen, sondern auch die Missionsarbeit vorgestellt.
**Adresse:** Missionshaus, 66606 St. Wendel
📞 06851/805325
Öffnungszeiten: Mo–Fr 9.00–12.00 und 14.00–18.00 Uhr, Sa 8.00–12.00 Uhr, So 14–18 Uhr

*Wie eine Burg erhebt sich auf dem Atzenhübel das Steyler Missionshaus.*

▶ **Mia Münster**
Im Mia-Münster-Haus sind sowohl dauerhaft die Werke der gleichnamigen St. Wendeler Künstlerin ausgestellt, als auch Regionalgeschichtliches, Dokumentationen zum internationalen Symposium der Bildhauer und Wechselausstellungen.
**Adresse:** Wilhelmstraße 11, 66606 St. Wendel
📞 06851/8091945
🌐 www.museum-wnd.de
Öffnungszeiten: Di–Fr 10.00–16.30 Uhr, Do 10.00–18.00 Uhr, Sa 14.00–16.30 Uhr, an Sonn- und Feiertagen 14.00 –18.00 Uhr

## Freizeit und Natur

▶ **Wandern und Rad fahren**
St. Wendel bietet mehrere Premium- und Themenwanderwege an. Der Tiefenbach-Pfad führt rund um den Bosenberg durch Bachtäler, an Baumriesen vorbei hin zu mehreren Aussichtskanzeln. Die Fünf-Weiher-Tour folgt teilweise der alten Römerstraße durch Wälder und Felder an zahlreichen Weihern vorbei. Sie ist 12 km lang. 26,5 km misst die St. Wendeler

Schleife, die von der Basilika bis nach Oberkirchen und wieder zurück, sozusagen über Stadt und Land, führt. Darüber hinaus ist St. Wendel an mehrere regionale Wanderwege angeschlossen.

Radfahrer können ausgedehnte Touren unternehmen, z.B. den 12 km langen Wendelinus-Radweg über die alte Bahntrasse von St. Wendel nach Tholey oder über den Saarland-Radweg und weitere an den Bostalsee. Mountainbikern wird ein ausgedehntes Wegenetz mit neun Touren angeboten.

Weitere Informationen, auch zum Downloaden:

⊕ www.sankt-wendel.de/tourismus/ aktivurlaub/wandern bzw./radfahren

### ▶ Wendelinuspark

Im Wendelinuspark können viele Sportarten betrieben werden: Laufen, Rad fahren, Skaten, Golf spielen. Der Sportrundweg ist fünf km lang, asphaltiert und abends beleuchtet.

**Adresse:** Welvertstr. 2, 66606 St. Wendel
📞 06851/809-1913

### ▶ Schwimmbäder

Die Stadt verfügt über ein Hallen- und ein Freibad. Das 2008 eröffnete Wendelinus-Bad ergänzt das Freizeit- und Sportangebot des Wendelinusparks.

**Adresse:** Welvertstraße 1, 66606 St. Wendel
📞 06851/809-1926
Öffnungszeiten: täglich ab 8.00 Uhr, Mo, So und feiertags bis 18.00 Uhr, Di–Fr bis 22.00 Uhr, Sa bis 20.00 Uhr

Neben mehreren Becken für Schwimmer und Nichtschwimmer, Kinder und zum Erleben bietet das neu gebaute Freibad seinen Badegästen Beachvolleyball-Felder, große Liegeflächen und einen Kinderbereich.

**Adresse:** Am Schwimmbad, 66606 St. Wendel
📞 06851/809-1938
Öffnungszeiten: während der Saison täglich 9.00–20.00 Uhr

### ▶ Reiten

Ponyreiten, Reitunterricht, Geburtstagsfeiern, Reiterferien bietet der Hütherhof an.

**Adresse:** Hütherhof, 66606 St. Wendel
📞 06851/806201
⊕ www.huetherhof.de

### ▶ Besondere Veranstaltungen und Feste

**Wendelswoche** (Volksfest) mit Wendelsmarkt im Oktober
**Internationale Jazz-Tage** im September

# Sulzbach (Saar)

**(Regionalverband Saarbrücken)**

Sulzbach wurde erstmals 1346 urkundlich erwähnt. Der Name geht auf die Salzquellen zurück, die bis 1738 genutzt wurden. Im Dreißigjährigen Krieg wurde das Dorf 1635 total zerstört und erst 1728 wieder aufgebaut. Sulzbach und seine sechs Stadtteile sind geprägt durch die ehemaligen Glashütten und vor allem durch den Bergbau. 1946 wurde Sulzbach zur Stadt erhoben. Sie zählt heute rund 17 000 Einwohner.

**Stadt Sulzbach (Saar)**
**Sulzbachtalstr. 81**
**66280 Sulzbach**
📞 **06897/508-0**
🌐 **www.stadt-sulzbach.de**

## Sehenswertes

▶ **Historische Salzhäuser auf der Schmelz**

Die historischen Salzhäuser bestehen aus dem Salzbrunnenhaus (erbaut 1730) und dem sogenannten Salzherrenhaus. Sie gehen auf die Einrichtung einer Salzgewinnungsanlage im Jahr 1549 zurück. Das Salzbrunnenhaus wurde zwar in der Barockzeit gebaut, ist aber im Stil keinesfalls barock. Er war als reiner Zweckbau konzipiert, welcher der notwendigen Hebevorrichtung „folgte". Das sogenannte Salzherrenhaus wurde von 1786 bis um 1800 nachweislich von dem Begründer früher Industrien in Sulzbach, Carl Philip Vopelius, bewohnt. Heute finden im Salzbrunnenhaus kulturelle Veranstaltungen statt. Im Salzherrenhaus ist die Volkshochschule Sulzbach untergebracht.

*Die restaurierten Salzhäuser verweisen auf die einstige Salzgewinnung.*

▶ **Denkmalgeschütze Wohn- und Geschäftshäuser in der Sulzbachtalstraße**

In der Sulzbachtalstraße findet man z.T. restaurierte Häuser mit prachtvollen Fassaden verschiedener Stilrichtungen des Historismus. Sie wurden zwischen 1875 und 1910 erbaut. Die Villa Vopelius (Nr. 40) wurde 1837 im klassizistischen Stil im Auftrag von Charlotte Braun, der Tochter von Carl Philipp Vopelius, errichtet. Ihr Sohn ließ 1864 zwei Seitenflügel mit Flachdächern anbauen.

▶ **Alte Kapelle**

Rechts von der heutigen Klinik in der Salmstraße befindet sich hinter Hecken halb verborgen die „Alte Kapelle". Sie wurde 1906 vom Saarbrücker Knappschaftsverein errichtet und wird heute als Künstleratelier genutzt.

*Die Alte Kapelle wurde 1906 vom Saarbrücker Knappschaftsverein erreichtet.*

▶ **Rathaus und ehemalige Volksschule**

In der Sulzbachtalstraße 81–83 stehen zwei imposante Gebäude, das Rathaus und die ehemalige Volksschule. Das Rathaus besteht aus einem älteren, 1867 erbauten zweigeschossigen spätklassizistischen Bau – heute ohne die ursprünglichen Gliederungselemente der Fassade – und dem 1903/1904 angefügten viergeschossigen Anbau im Renaissancestil mit reich gegliederter Sandsteinfassade. Im Sitzungssaal ist eine Galerie mit Gemälden des Sulzbacher Malers Fritz Zolnhofer (1896–1965) zu besichtigen. Die ehemalige Volksschule dient heute als Berufsbildungszentrum. Das viergeschossige Gebäude mit giebelbekrönten Eckrisaliten, Klinkerfassaden und Werksteingliederung wurde zwischen 1901 und 1905 im Stil der Neorenaissance errichtet.

▶ **Marktplatz**

Der Marktplatz oder auch Oberer Markt und Ravanusa-Platz genannt, wurde gegen Ende des 19. Jahrhunderts angelegt. Das Eckgebäude an der Marktstraße stammt aus dem Jahr 1893. Der Name Ravanusa geht auf die Städtepartnerschaft zu Ravanusa auf Sizilien zurück.

▶ **Evangelische Pfarrkirche auf der Schmelz**

1852–1854 wurde die Kirche nach den Plänen des Berliner Architekten C. Rüger als erster neogotischer Kirchenbau an der Saar erbaut. 1897–1998 wurde sie von dem Saarbrücker Architekten Heinrich Güth nach Westen verlängert. Durch Anfügen eines Seitenschiffes mit Einbau einer hölzernen Empore wurde sie verbreitet und um den weithin sichtbaren Glockenturm erweitert. Sehenswert sind auch die bunt verglasten Fenster (aus der Glashütte der Firma Wagner-Vopelius) des Chorraums, die Kanzel und der aufwändig gearbeitete Kronleuchter.

▶ **Mariannenthaler Glashütte**

Der Stadtteil Schnappach kam erst 1974 zu Sulzbach. Vorher gehörte er zu St. Ingbert. Im 18. Jahrhundert erlebte der Ortsteil unter der Regentschaft Marianne von der Leyens mit dem Ausbau der Steinkohlegruben und der Gründung eines Alaunwerkes sowie der „Mariannenthaler Glashütte" einen wirtschaftlichen Aufschwung.

▶ **Glasmacher- und Prämienhäuser der Bergleute in Altenwald**

Eine zweite Glashütte wurde 1810 durch Carl Philip Vopelius gegründet, wovon zahlreich erhaltene Häuser der Glasmacher (Sulzbachtalstraße 220–242) im Stadtteil Altenwald und Prämienhäuser der Bergarbeiter zeugen. In der Bayernstraße steht die ehemalige Direktorenvilla (Hausnummer 16, privat) der Röchlingschen Kokerei von Altenwald, ein um 1900 entstandener Bau im historisierenden Stil.

▶ **„Schiefer Turm" von Altenwald**

Die Schattenseiten des ehemaligen Bergbaus sind auch in Sulzbach nicht zu übersehen. Durch Grubensenkungen gerieten Häuser in Schieflage und Wände werden von Rissen durchzogen, z.B. in der Sulzbachtalstraße. Besonders drastisch ist dies am Turm (1896/1897) der evangelischen Kirche in Altenwald, Sulzbachtalstr. 203, zu erkennen. Er wird im Volksmund „der Schiefe Turm von Altenwald" genannt.

### ▶ Katholische Pfarrkirche St. Pius in Brefeld

Aus der Zeit des Bergbaus zeugen die bis 1919 gebauten Beamtenhäuser der Grube und die heutige katholische Filialkirche St. Pius am Kreuzgraben. Ursprünglich als Pferdestall der Grube genutzt, wurde er Ende der 1950er-Jahre zur Kirche umgebaut.

## Freizeit und Natur

### ▶ Wandern und Rad fahren

Sowohl im Stadtpark in Sulzbach als auch im Röchlingpark in Altenwald sowie in den umliegenden Wäldern gibt es eine Fülle von Möglichkeiten zum Wandern. Das Ruhbachtal zwischen Schnappach, St. Ingbert und Elversberg lädt dazu ebenso ein wie die Naherholungsgebiete Sulzbach-West, Trenkelbach oder der Brennende Berg zwischen Sulzbach und Dudweiler. Die Stadt bietet aber auch mehrere Erlebnispfade an, z.B. Erlebnispfad Industriekultur (2,7 km), Erlebnispfad Wasser (2,6 km) und Wald (4,8 km) und den „Großen Rundweg" mit 8,8 km. Am Brennenden Berg wurden barrierefreie Wege angelegt. Die Gesamtlänge beträgt 5,5 km, sie sind hellblau gekennzeichnet.
🌐 www.stadt-sulzbach.de/tourismus/rad-fahren-wandern oder
🌐 www.brennenderberg.de

### ▶ Karl-May-Wanderweg „Auf fremden Pfaden"

Eine Besonderheit und einmalig ist der Karl-May-Wanderweg. Er ist ein Gemeinschaftsprojekt der Zweckverbände Ruhbachtal und Brennender Berg und wurde 2014 eröffnet. Zwar war Karl May wahrscheinlich nie im Saarland, doch verfügt er hier über eine große Fangemeinde. Die Besucher sind dazu eingeladen, auf 13 km durch vier Kommunen, Dudweiler (Saarbrücken), Sulzbach, Friedrichsthal und Elversberg, „Auf fremden Pfaden" den Spuren des Reiseschriftstellers zu folgen. An rund 40 Stationen informieren Tafeln über Leben und Werke Karl Mays.
🌐 www.stadt-sulzbach.de/tourismus/karl-may-wanderweg

*„Auf fremden Pfaden" führt der 13 km lange Karl-May-Weg an 40 Stationen mit Informationen über den Schriftsteller und seine Werke vorbei.*

### ▶ Vopeliusbad

Das Vopelius-Hallenbad verfügt über ein Schwimmer-, Nichtschwimmer- und Planschbecken mit Elefantenrutsche sowie über Massagedüsen. Es ist außerdem behindertengerecht ausgerüstet. Ein Wintergarten mit Sonnenbank lädt zum Ausruhen ein.
**Adresse:** Quierschieder Weg 37, 66280 Sulzbach (Saar) 📞 06897/575200
Öffnungszeiten: Di–Fr 7.00–21.00 Uhr, Sa 7.00–19.00 Uhr, Sonn- und Feiertage 8.00–13.00 Uhr

# Tholey

**(Kreis St. Wendel)**

Tholey liegt am Fuß des 569 m hohen Schaumberges. Funde deuten darauf hin, dass die Gegend bereits um 400 v. Chr. besiedelt war. Die Kelten errichteten auf dem Schaumberg eine Fliehburg. Zwischen Theley und Selbach wurde ein Fürstinnengrab gefunden. Die Römer bauten an der Kreuzung zweier Fernstraßen ein Kastel, das sie „Castrum teulegium" nannten. Im 7. Jahrhundert wurde die Abtei Tholey gegründet, eine der ältesten im deutschsprachigen Raum. Zu ihrem Schutz wurde 1200 die Schaumburg errichtet, die im Dreißigjährigen Krieg zerstört wurde. Die Abtei bestand bis zur Französischen Revolution und wurde erst 1949 wieder eingerichtet. Die Gemeinde Tholey besteht heute aus neun Ortsteilen mit rund 12 300 Einwohnern.

**Gemeinde Tholey**
**Am Kloster 1**
**66636 Tholey**
📞 **06853/5080**
🌐 **www.tholey.de**

## Sehenswertes

### ▶ Klosterkirche St. Mauritius

Auf den Resten einer römischen Badeanlage aus dem 3. Jh. n. Chr. baute der fränkische Diakon Grimo-Adalgisel Anfang des 7. Jahrhunderts eine Kirchenanlage, die er 634 dem Bischof von Verdun übereignete. Diese wurde um 750 durch eine rechteckige Choranlage erweitert. Es wird angenommen, dass um diese Zeit das benediktinische Klosterleben in Tholey begann. 1260 entstand die heute bekannte, frühgotische Abteikirche. Von der romanischen Bauanlage wurden Portal, der mächtige Westturm und einige Lichtgadenfenster übernommen. Seit etwa 1302 dient das Gotteshaus als Abtei und Wallfahrtskirche. Während des Dreißigjährigen Krieges und der Französischen Revolution wurde die Abtei geplündert und abgebrannt. 1798 wurden Kirche und Abteigebäude versteigert. Ein Tholeyer Bürger erwarb 1806 die noch erhaltenen Gebäude. Er schenkte sie der Gemeinde als Pfarrkirche und Wohnung für den Pfarrer. 1949 wurde die Abtei durch Papst Pius XII. wieder errichtet und neu besiedelt. Im Innern der Kirche befinden sich eine barocke Oberlinger Orgel mit 43 Registern und das barocke Chorgestühl aus dem Jahr 1704.

**Adresse:** Benediktinerabtei St. Mauritius, Im Koster 11, 66636 Tholey
📞 06853/91040
🌐 www.abtei-tholey.de
Öffnungszeiten der Kirche: 7.00–20.00 Uhr
Öffnungszeiten der Klosterpforte: Di–Fr 9.00–11.00 Uhr und 15.00–16.00 Uhr
Öffnungszeiten des Klostergartens: Apr–Sept 10.00–17.00 Uhr, Okt–März 10.00–12.00 Uhr und 14.00–16.00 Uhr

### ▶ Schaumberg

Der Schaumberg ist vulkanischen Ursprungs. Nach der keltischen Fliehburg, dem römischen Kastel und der Schaumburg steht heute ein 37,5 m hoher Aussichtsturm auf dem Berg. Von der Aussichtsplattform genießt man einen weiten Blick ins Saarland, in den Pfälzer Wald und die Vogesen sowie in den Hunsrück. Seit 1976 ist das Schaum-

*Ruhe, Entspannung und weite Sicht auf dem Schaumberg.*

bergplateau auch eine deutsch-französische Begegnungsstätte. Der Turm ist auch ein Symbol für die deutsch-französische Freundschaft und seit seiner Sanierung mittels Fahrstuhl barrierefrei.

📞 06853/5020090

🌐 www.mein-schaumberg.de

Öffnungszeiten 16. März–1. Nov: Aussichtsplattform: täglich 10.00–21.00 Uhr, Ausstellungen: täglich 10.00–18.00 Uhr
Öffnungszeiten 2. Nov–15. März: Aussichtsplattform: täglich 11.00–17.00 Uhr, Ausstellungen: So 11.00–17.00 Uhr
Öffentliche Führungen: Apr–Okt jeden ersten So im Monat um 14.00 Uhr

▶ **Blasiuskapelle**

Die Blasiuskapelle entstand im 13. Jahrhundert und wurde mehrfach abgebrannt. Die jetzige Kapelle wurde 1716 errichtet, worauf die Türbogeninschrift hinweist. Während der Französischen Revolution diente sie einem Mönch aus der Abtei Tholey, der im Volksmund „Bruder Lappes" genannt wird, als Zufluchtsort. Seit 1909 gehört die Kapelle der Pfarrgemeinde Tholey und ist für den Ortsteil Bergweiler ein historisches Kleinod.

▶ **Hofgut Imsbach**

Die Geschichte des Hofguts Imsbach geht bis in die Bronzezeit zurück. Erst-

*Das Hofgut Imsbach von der Weiherseite.*

mals urkundlich erwähnt wurde es 1310. Die heutigen Gebäude stammen aus der Zeit des Wiederaufbaus 1715. Napoleon schenkte das Hofgut seinem Colonel de Cavalerie Louis Charles Narcisse Lapointe, der seine letzte Ruhe in der Gutskapelle fand. 1953 erwarb das Saarland das Hofgut und nutzte es als Gefängnis, später als Ökologiezentrum.

▶ **Wortsegel**
Das „Wortsegel" ist eine 13 Meter hohe und 30 Tonnen schwere Stahlplastik in der Nähe von Tholey-Sotzweiler. Sie wurde von Heinrich Popp als „Denkmal für Poesie" geschaffen.

## Museen

▶ **Historisches Museum Theulegium**
Das 2006 eröffnete Museum Theulegium des „Historischen Vereins zur Erforschung des Schaumberger Landes" zeigt neben Exponaten der Vor- und Frühgeschichte, insbesondere den römischen Funden der nahe gelegenen römischen Grabungsstätte im Wareswald die geschichtliche Entwicklung der Abtei Tholey und des „Amtes Schaumburg". Geologische Besonderheiten sowie Fossilien, Eisenerze und Halbedelsteine ergänzen die Ausstellung. Im restaurierten Kellergewölbe sind das ehemalige Kantonsgefängnis, die Olga -Schwind-Ausstel-

lung mit historischen Musikinstrumenten, die Tafelklavierwerkstatt von Peter Mönch und die Photogrammetrie-Ausstellung zu Albrecht Meydenbauer zu sehen.

**Adresse:** Rathausplatz 6, 66636 Tholey

📞 06853/508-80

🌐 www.theulegium.de

Öffnungszeiten: Di–Fr 10.00–12.00 Uhr und 14.30–16.30 Uhr, Sa, Sonn- und Feiertage 14.30–16.30 Uhr

### ▶ Johann-Adams-Mühle

Sie ist eine der letzten erhaltenen und intakten historischen Wassermühlen im Saarland. 1589 wurde sie erstmals urkundlich erwähnt. Die heutigen Mühlengebäude stammen aus dem Jahr 1735 und waren bis 1934 in Betrieb. 1983 erwarb die Gemeinde Tholey die Mühle und sanierte sie. Seit 1955 ist das Mühlenensemble wieder vollständig. Hier ist ein Mühlenmuseum untergebracht.

**Adresse:** Zur Johann-Adams-Mühle, 66636 Tholey

Öffnungszeiten: Ostern bis Okt Sonn- und Feiertage 14.00–18.00 Uhr, Führungen nach Vereinbarung

*Die Johann-Adams-Mühle aus dem Jahr 1735 ist eine der letzten intakten Wassermühlen im Saarland.*

### ▶ Heimatmuseum „Haus am Mühlenpfad"

Das 1842 gebaute und nach Sanierung 1997 wiedereröffnete Haus dient sowohl als Kulturtreff als auch als Heimatmuseum. Dargestellt werden u.a. das bäuerliche und handwerkliche Leben, ein Klassenzimmer aus der ersten Hälfte des vorigen Jahrhunderts, Entwicklung der Bienenzucht und Spinntechniken.

**Adresse:** Kantstraße 26, 66636 Tholey-Neipel

📞 06888/580763

🌐 www.neipel.de

## Freizeit und Natur

### ▶ Wandern

Die Gemeinde Tholey bietet eine Fülle von Wanderwegen, z.T. auch Premiumwanderwege, an. Sie sind alle markiert. Zu nennen wären z.B. der Herzweg (2,8 km), die Schaumberger Tafeltour (10,4 km), der Offizierspfad Imsbach (11,6 km), der Johannes-Kühn-Wanderweg (13,7 km), der Bohnental-Rundwanderweg (16 km) oder der Gemeinde-Rundwanderweg mit 38,5 km.

### ▶ Rad fahren

Radfahrer können u.a. zwischen drei für sie ausgewiesenen Radwanderwege auswählen: 40 km lang ist der Schaumberg-Radweg und führt rund um den Schaumberg. Wendalinus-Radweg: siehe St. Wendel. Mountainbikern stehen mehrere Touren zur Verfügung.

### ▶ Erlebnisbad Schaumberg

Das kombinierte Hallen- und Freibad ist ein modernes Freizeit- und Erlebnisbad mit einer 103 m langen Rutsche, Lagunenbecken mit Strömungskanal, Whirlpool, Saunalandschaft und Massagen, dazu kommt ein 18 000 m² großes Außengelände mit Sandstrand.

**Adresse:** Zum Erlebnispark 1, 66636 Tholey-Theley

☎ 06853/91110

🌐 www.das-erlebnisbad.de

▸**Besondere Veranstaltungen und Feste**

Pferdesegnung auf dem Schaumberg an Christi Himmelfahrt

# Überherrn

**(Kreis Saarlouis)**

Funde belegen, dass die Gegend um Überherrn bereits während der Stein- und Eisenzeit den damaligen Menschen bekannt war. Erstmals urkundlich erwähnt wurde der Ort 1293. Zeitweise gehörten die heutigen sechs Ortsteile zu verschiedenen Herrschaften: Überherrn zur Grafschaft Nassau-Saarbrücken, die anderen Ortsteile zum Herzogtum Lothringen. Wohnstadt wurde erst 1979 zu einem eigenen Ortsteil. Die Gemeinde Überherrn zählt heute rund 12 000 Einwohner.

**Gemeinde Überherrn**
**Rathausstr. 101**
**66802 Überherrn**
**Telefon: 06836/9090**
**Internet: www.ueberherrn.de**

## Sehenswertes

▸**Europa-Denkmal**

Das Denkmal „Für die großen Europäer", kurz „Europa-Denkmal", ist zugleich Aus-sichtspunkt und Wahrzeichen der Gemeinde Überherrn. Am 2. Juli 1966 erfolgte durch Altbundeskanzler Konrad Adenauer der erste Spatenstich. Im Mai 1970 wurde es mit einer Gedenktafel enthüllt, die die Namen verdienter europäischer Staatsmänner enthält. Man genießt einen weiten Blick über die Täler und Wälder Lothringens und die herrliche Aussicht über das Saartal.

**Weitere Informationen:** Europa-Denkmal Berus e.V., Kurt Schoenen, Felsberger Str. 63, 66802 Überherrn

☎ 06836/992189

*Das Europa-Denkmal ist das Wahrzeichen der Gemeinde Überherrn.*

▸**Ehemaliger Sender Europa I**

1952 wurde im Saarland die Europäische Rundfunk und Fernseh-GmbH gegründet. Ihre Sendehalle wurde 1954 in Form einer

aufgeklappten Jakobsmuschel in Überherrn auf Beruser Bann gebaut. Sie gilt
als architektonische Meisterleistung ihrer
Zeit und ist ein technisches Denkmal. Seit
dem 1.8.2016 ist die Gemeinde Überherrn
Eigentümerin der Anlage.

*Die St. Oranna-Kapelle ist ein beliebter
Wallfahrts- und Ausflugsort.*

### ▶ Kapelle St. Oranna

Die Kapelle St. Oranna bei Berus ist ein beliebter Ausflugs- und Wallfahrtsort. Oranna soll im 7. Jahrhundert aus Irland bzw.
Schottland als Missionarin und Überbrin-
gerin des christlichen Glaubens ins heutige
Saarland gekommen sein. Zusammen mit
ihrer Gefährtin Cyrilla wurde sie in einem
gemeinsamen Sarkophag bestattet und
fand ihre letzte Ruhe in der Pfarrkirche
des seit langem untergegangenen Dorfes
Eschweiler, dem Ort der heutigen Oranna-Kapelle.
**Weitere Informationen:** Hubert Thieser,
Brunnenstr. 10, 66802 Überherrn
📞 06836/3338

### ▶ Alte Bergstadt Berus

Der historische Ortsteil Berus gehört
zu den bedeutendsten lothringischen
Bergfesten. Aus der Zeit der Gräfin Anna

von Isenburg, die im 16. Jahrhundert hier
herrschte, stammen Philipps Haus, auch
„Bannhaus" genannt, in der Kirchenstraße
und das Torhaus Scharfeneck, ein Renais-
sancebau in der Burgstraße.

### ▶ Teufelsburg

Über dem Ortsteil Felsberg erhebt sich
die Teufelsburg aus dem 14. Jahrhundert.
Schon der Aufstieg lohnt sich. Vorbei geht
es an alten Steinbrüchen. Von der Anlage
aus genießt man eine weite Aussicht über
das Saartal. Im Kellergewölbe befindet sich
ein kleines Museum mit Fundstücken und
Reproduktionen alter Waffen und Geräten
von der Burg.
**Weitere Informationen:** Fördergemein-
schaft Teufelsburg e.V., Holger Zenner,
Oberlimberger Weg 11, 66798 Wallerfangen
📞 0173/8738925

### ▶ Historisches Hofgut Linslerhof

Der Linslerhof wurde 1154 erstmals
urkundlich erwähnt. Damals war er ein
landwirtschaftliches Anwesen des Klosters
Fraulautern. Seit Ende des 19. Jahrhunderts befindet er sich im Eigentum der Familie Boch-Galhau. 1995 wurde er gründlich renoviert. Das 330 ha große Anwesen
ist von alten Baumbeständen, parkähnli-
chen Grünanlagen und Auen umgeben. An
der St. Antonius-Kapelle findet jedes Jahr
am Samstag nach Pfingsten eine Hubertusmesse mit Segnung der Tiere statt.
**Adresse:** Linslerhof, 66802 Überherrn
📞 06836/8070
🌐 www.linslerholf.de

*Von der im 14. Jahrhundert gebauten Teufelsburg genießt man eine weite Aussicht ins Saartal.*

## Freizeit und Natur

### ▸ Wandern und Rad fahren
Bedingt durch seine Lage bietet die Gemeinde Überherrn ausgeschilderte, grenzübergreifende Rad- und Wanderwege an. Der Alte Grenzweg bzw. Chemin de la Frontiere ist 7 km lang und führt von Berus ins lothringische Berviller und wieder zurück. Er ist mit dem Europa-Emblem ausgeschildert und weist 15 Stationen mit zweisprachigen Tafeln aus. Darüber hinaus ist Überherrn an das überregionale Wander- und Radwegenetz angeschlossen, das u.a. in den Warndt, ins lothringische Creutzwald, an die Saar oder an die Nied führt.

Flyer zum Herunterladen findet man unter
⊕ www.ueberherrn.de/freizeit-kultur-tourismus/rad-wandern.

### ▸ Parkbad
Die Gemeinde verfügt über ein Freibad, das sogenannte Parkbad. Es befindet sich im Ortsteil Überherrn neben dem Kulturhaus und den Sportanlagen. Ausgestattet ist es mit einem kombinierten Nichtschwimmer-, Schwimmer- und Sprungbecken, einem Kinderplanschbecken sowie einem Beachvolleyball-Feld und Liegewiesen.
**Adresse:** Am Kulturhaus 2, 66802 Überherrn
☏ 06836/921940

## Besondere Veranstaltungen

### ▸ Oranna-Prozession

Am 3. Sonntag im September und dem
darauffolgenden Montag findet seit dem
Mittelalter eine Prozession zur Kapelle
St. Oranna statt. Oranna ist die Schutzhei-
lige der saarländisch-lothringischen Grenz-
land-Heimat und soll bei Ohrenleiden und
Schwindelanfällen sowie bei der Suche
nach einem geeigneten Ehemann helfen.

# Völklingen

### (Regionalverband Saarbrücken)

Die Stadt Völklingen erstreckt sich beider-
seits der Saar von der französischen Grenze
über den westlichen Warndt und die Saar
bis ins untere Köllerbachtal. Die fruchtba-
ren Talauen an den Mündungen der Rossel
und des Köllerbachs in die Saar waren
bereits zur Keltenzeit besiedelt. 822 wurde
„Fulcolingas" erstmals urkundlich erwähnt.
In der frühen Neuzeit gehörte das Dorf zu
den wohlhabendsten in der Grafschaft
Nassau-Saarbrücken. 1572 wurde im Stadtteil Geislautern die erste Eisenschmelze
eingerichtet. 1621 wurde dort im Tagebau
nach Steinkohlen gegraben. 1604 fanden
die aus Frankreich geflüchteten Hugenotten im Warndt eine neue Heimat.
Noch heute weisen viele französische
Familiennamen darauf hin. Der große
wirtschaftliche Aufschwung erfolgte 1873
mit der Gründung der Völklinger Eisen-
hütte durch die Gebrüder Röchling. 1965

arbeiteten auf der Hütte 17 500 Menschen. In den 1970er-Jahren setzte die
Stahlkrise ein, die 1993 zur Stilllegung der
Hütte führte. Die Völklinger Hütte wurde
von der UNESCO zum Weltkulturerbe
erklärt und ist seitdem ein bedeutender
Veranstaltungsort und Industriemuseum.
Völklingen besteht heute aus zehn Stadtteilen mit rund 40 500 Einwohnern.

**Tourist-Info Völklingen
im Neuen Bahnhof
Rathausstr. 55
66333 Völklingen**
📞 **06898/13-23800**
🌐 **www.voelklingen.de**

## Sehenswertes

### ▸ Weltkulturerbe Völklinger Hütte

„Die Völklinger Hütte ist ein einzigartiges
Zeugnis der Industriekultur und der Tech-
nikgeschichte des 19. und frühen 20. Jahrhunderts", heißt es u.a. in der UNESCO-Er-
klärung zum Weltkulturerbe. In ihrer
besonderer Vollständigkeit zeige sie den
inzwischen geschichtlich gewordenen Pro-
zess einer großtechnischen Roheisenerzeu-
gung. Darüber hinaus sei sie ein Symbol
der Leistungen des Menschen in der ersten
und zweiten industriellen Revolution, eine
„Kathedrale" des Industriezeitalters.
Für Besucher ist ein Besichtigungsweg
eingerichtet. Zu sehen sind Sinteranlage,
Kokerei, Gichtbühne und Hochofenabstich.
Höhepunkt ist die monumentale Gebläsehalle mit ihren gigantischen Schwung-
rädern.
Bei den Führungen wird nicht nur die
Technik vorgestellt, sondern auch das

*Das Ensemble der ehemaligen Völklinger Hütte wurde zum UNESCO-Weltkulturerbe erklärt.*

Leben der Tausenden von Hüttenarbeitern. Besucherführer sind daher u.a. ehemalige Hüttenarbeiter, die ein lebendiges Bild des harten Arbeitsalltags mit allen Extremsituationen vermitteln.
In der ehemaligen Gebläsehalle finden alljährlich bedeutende Ausstellungen statt.
🌐 www.voelklinger-huette.org

### ▶ Alter Bahnhof

Während der Eisenhüttenzeit war der alte Bahnhof die Drehscheibe in Völklingen, nicht nur bei Schichtwechseln von Tausenden von Arbeitern, sondern auch als Umschlagplatz für Rohstoffe und Güter.

### ▶ Sankt Eligius-Kirche

Die 1912/1913 erbaute Sankt Eligius-Kirche hebt sich mit ihrem querrechteckigen Turm in der Rathausstraße hervor. Im Foyer befindet sich eine Holzfigur des Eligius, die um 1750 in Frankreich angefertigt wurde.

### ▶ Altes Rathaus

Das Alte Rathaus wurde von 1874–1896 im klassizistischen Stil erbaut und mehrfach erweitert und saniert. Ein quadratischer Turm verbindet beide Flügel des Gebäudes. Das Trauzimmer ist mit einem Jugendstil-Hochzeitsfenster aus Quedlinburg und der Ratssaal mit Stuckverzierungen ausgestattet.

# Völklingen

*Die Türme der Pfarrkirche St. Eligius und des alten Rathauses überragen die Innenstadt von Völklingen.*

*Die Pfarrkirche St. Paulinus in Lauterbach wird im Volksmund auch „Warndtdom" genannt.*

▸ **Gründerzeithäuser**

Die Gründerzeithäuser am Rathausplatz wurden 1901 im Jugendstil erbaut. Sie sind individuell gestaltet, bilden aber in der klaren symmetrischen Struktur mit den beiden seitlichen Türmen und dem breiten mittleren Giebelelement eine Einheit.

▸ **„Warndtdom" in Lauterbach**

Die Kirche St. Paulinus wurde 1911/1912 nach dem Entwurf von Peter Marx erbaut. Im Volksmund wird sie „Warndtdom" genannt. Der Taufstein und die Seitenaltäre stammen aus dem späten 18. Jahrhundert.

▸ **Hugenottenkirche Ludweiler**

Sie ist die vierte Kirche, die die Hugenotten 1786 an gleicher Stelle nach Gründung von Ludweiler 1604 errichten ließen. Bau-

meister war Balthasar Wilhelm Stengel. Zunächst war sie eine barocke Saalkirche. 1876/1877 erhielt sie vor dem Hauptportal einen 40 m hohen Turm mit neugotischen und neuromanischen Stilelementen. Weitere Informationen und Führungen erhält man unter ☎ 06898/4541.

## Museen

▸ **Glas- und Heimatmuseum Warndt**

1616 wurde in Ludweiler die erste saarländische Glashütte eröffnet, der in der Folgezeit weitere im Saarland und in Lothringen folgten. Neben Kohle und Stahl entwickelte sich die Glasindustrie zum drittgrößten Industriezweig. Im Glas- und Heimatmuseum werden die Glasgeschichte sowie Heimatkundliches aus

Völklingen und dem Warndt dargestellt.
**Adresse:** Am Bürgermeisteramt 5,
66333 Völklingen-Ludweiler
☎ 06898/4480060
🌐 www.heimatkundlicher-verein-warndt.
eu/glasmuseum
Öffnungszeiten: Sa und So 14.00–16.00
Uhr und nach Vereinbarung, So mit Führung

## Freizeit und Natur

### ▸ Wandern und Rad fahren
Im Stadtgebiet von Völklingen laden
rund 200 km ausgeschilderte Wege zum
Wandern ein. Zahlreiche und überwiegend
kürzere Wege führen durch den Stadtwald.
Der Völklinger Stadtrundweg bietet vier
Streckenabschnitte zwischen 11 und 17 km
an. 12 km wandert man auf dem Rundwanderweg Lauterbach im Warndt. 50 km
misst der Rundwanderweg Forbach–Völklingen–Forbach. Insgesamt 120 km ist die
Saar-Kohle-Stahl-Runde lang mit Strecken-
abschnitten zwischen 8,5 km und 22,8 km.
Am häufigsten benutzt wird der Saar-Radweg, der von Frankreich aus Völklingen
erreicht und entlang der Saar bis nach
Konz führt. Von Völklingen aus führt der
Köllertal-Radweg 21 km durch Püttlingen
und Heusweiler. Über den Saarland-Radweg radelt man durch den Warndt.

### ▸ Nordic Walking
Start und Ziel ist das Wasserwerk Sim-
schel. Für Anfänger bieten sich die 3,6 km
lange Simschel-Tour und die 6,6 km lange
Wackenmühle-Tour an. Fortgeschrittenen
stehen die Weiher-Wiesen-Tour und die
Schillerpark-Zour an. Sie ist mit 16,5 km
die längste Nordic-Walking-Tour im Saarland. Alle Touren sind beschildert.

### ▸ Skaterpark
Der „Völklinger Skater-Park" liegt vor der
Hermann-Neuberger-Halle. Auf einer
Asphaltfläche von 600 m² stehen sechs
Elemente zur Verfügung.

### ▸ Wildparks
Zwei Wildparks befinden sich im Stadtgebiet Völklingens. Der eine liegt an der
Püttlinger Landstraße und ist 11 Hektar
groß. Neben Damwild, Wildschweinen ist
hier auch Rotwild zu sehen. Eine Wander-
tafel am Parkplatz informiert über die
Wege rund um das Gehege.
Der zweite Wildpark befindet sich im
Stadtteil Ludweiler. Hier leben Damwild
und Wildschweine. Aus Richtung Ludweiler kommend, liegt der Wildpark an der
Werbelner Straße Richtung Wadgassen –
dem Hinweisschild „Naherholungsgebiet
Ludweiler" folgen.

### ▸ Schwimmbäder
Völklingen verfügt über ein Hallen- und
ein Freibad. Das in der Innenstadt gelegene Raymund-Durand-Bad bietet seinen Besuchern ein 25-m-Schwimmerbecken mit
sechs Bahnen, ein 1-m-Sprungbrett, zwei
3-m-Sprungbretter und einen 5-m-Sprung-
turm, ein Nichtschwimmerbecken mit
Kinderrutsche und verschiedenen Attraktionen (Massagedüsen, Wassersprudel,
Breitspeier und Wasserspeier) sowie ein
Kinderplanschbecken.

Das Freibad „Erlebnisbad Köllerbachtal"
liegt direkt am Waldrand. Es bietet ein
Schwimmerbecken mit sechs Bahnen, ein
Nichtschwimmerbecken, eine 96 m lange
Riesenrutsche, einen Strömungskanal, Ru-
hezonen mit Massagedüsen, Whirlliegen

und Luftsprudelplatte, Planschbecken mit Wasserpilz, eine Elefantenrutsche und ein Spritznashorn sowie Beachvolleyball-Felder, Tischtennisplatten und einen Kinderspielplatz .

**Adresse:** Stadionstr. 10, 66333 Völklingen
📞 06898/132595

▶ **Besondere Veranstaltungen und Feste**
Saarfest: alle zwei Jahre im Juni

# Wadern

**(Kreis Merzig-Wadern)**

> Die Stadt Wadern liegt mit ihren 14 Stadtteilen im Norden des Saarlandes am Fuße des Schwarzwälder Hochwaldes. Sie wurde erst 1946 an das Saarland angeschlossen. Grabhügel deuten darauf hin, dass das Gebiet bereits um 1000 v.Chr. besiedelt war. 950 wurde Wadern erstmals urkundlich erwähnt. Im Mittelalter und in der frühen Neuzeit gehörten die heutigen Stadtteile unterschiedlichen Herrschaften an. Eine Blütezeit erlebte Wadern ab 1760, als Graf Joseph Anton von Oettingen-Sötern seine Residenz auf Schloss Dagstuhl verlegte. Wadern zählt heute rund 16 000 Einwohner.

**Tourist-Info**
**Marktplatz 13**
**66687 Wadern**
📞 **06871/5070**
🌐 **www.wadern.de**

## Sehenswertes

▶ **Schloss Dagstuhl**
Schloss Dagstuhl wurde 1760 vom Grafen Joseph Anton von Oettingen-Sötern als Familiensitz erbaut. Das Haupthaus und die Schlosskapelle (erbaut 1763) sind durch einen neugotischen Eckbau mit Turmteil verbunden.
Die „Malergräfin" Octavie de Lasalle von Louisenthal (1811–1890) hat die Wände der Kapelle mit Bildern ausgestattet. Sie zeigen das Leben Mariens im Stil biblischer Historienmalerei. In einem Nebenraum der Kapelle befindet sich ein von Octavie, vermutlich um 1864, gemalter Kreuzweg aus der Pfarrkirche Lockweiler. Dieser Kreuzweg ist nur im Rahmen von Führungen zu besichtigen.
Seit 1990 ist Schloss Dagstuhl Sitz des Leibniz-Zentrums für Informatik. Sehenswert ist auch der Schlossgarten, der ganzjährig zu besichtigen ist.
**Adresse:** Oktavie-Allee, 66687 Wadern
📞 06871/5070
🌐 www.schloss-dagstuhl.de
Öffnungszeiten Schlosskapelle: täglich 10.00–16.00 Uhr, jeden ersten So im Monat von 15.00–17.00 Uhr kostenlose Gästeführungen in der Kapelle

▶ **Burgruine Dagstuhl**
Die Burg Dagstuhl wurde erstmals 1290 urkundlich erwähnt. Sie war eine Höhenburg, die nach dem 17. Jahrhundert zunehmend verfiel. Seit 2003 wird die Ruine saniert. Inzwischen sind auch die beiden Halsgräben mit zwei mächtigen Brücken überspannt worden, sodass eine Begehung der Burganlage auf den historischen Wegen möglich ist.

*Die Burg Dagstuhl war im 13. Jahrhundert eine Höhenburg.*

**Adresse:** Schlossstr. 1, 66687 Wadern
📞 06871/5070
🌐 www.burgdagstuhl.de

▶ **Schloss Münchweiler**
Schloss Münchweiler wurde nach einer Idee des Freiherrn Franz Georg Zandt von Merl und Plänen eines noch unbekannten Architekten aus dem Umkreis des Baumeisters Christian Kretschmar zwischen 1749 und 1785 erbaut. Über eine Kastanienallee gelangt man durch ein großes Hofportal in den Schlosshof, der aus dem Wohngebäude und Wirtschaftsgebäuden

*Schloss Münchweiler aus dem 18. Jahrhundert.*

besteht. Im 19. Jahrhundert wurde an den Flügeln angebaut. Zum Schloss, das heute in Privatbesitz ist, gehört auch ein Barockgarten.
🌐 www.schloss-muenchweiler.de

▶ **Gallo-römischer Monumentalgrabhügel bei Oberlöstern**
Es handelt sich dabei um zwei aufwendig gestaltete Grabhügel mit einer Kantenlänge von 16 m bzw. 18,5 m. In den Gräbern wurden im zweiten nachchristlichen Jahrhundert reiche und bedeutende Personen bestattet.
📞 06871/5070
🌐 www.wadern.de/wirtschaft-tourismus/sehenswuerdigkeiten

▶ **Pfarrkirche Allerheiligen**
Gegenüber dem kleinen Markt in Wadern erhebt sich der im unteren Teil romanische und mit barockem Obergeschoss versehene Turm der Pfarrkirche Allerheiligen. Der Turmhelm von 1844 stammt noch von der Vorgängerkirche. Die nachbarocke Saalkirche wurde 1817 von Johannes Wassermann erbaut. Im Innern ist die Apostelgalerie sehenswert.

▶ **Historischer Stadtrundgang**
Neben den bereits genannten Sehenswürdigkeiten sind bei einem historischen Stadtrundgang zu sehen: Grafenschloss in der Oberstraße, Haus München am Marktplatz, Oettinger Schlösschen am Kleinen Markt, Haus Post-Klauck, Statue des Heiligen Johannes von Nepomuk und die Mariensäule auf dem Bellscheid.

*Bei Oberlöstern befinden sich zwei gallo-römische Grabhügel aus dem 2. Jahrhundert n.Chr.*

## Museen

▸**Stadtmuseum Wadern**
Das barocke Gebäude wurde 1759 von Graf Joseph Anton von Oettingen-Sö-tern errichtet. Das Museum im Oettin-ger Schlösschen wurde 1978 als erstes Heimatmuseum im Kreis Merzig-Wadern eingerichtet und 2013 nach völliger Neu-konzeption und Umgestaltung wiederer-öffnet. Der Rundgang durch die inhaltlich und didaktisch umgestaltete Ausstel-lung bietet Einblicke in rund 2500 Jahre regionaler Entwicklung vor dem kulturge-schichtlichen Hintergrund der Zeit.
**Adresse:** Marktplatz 4 (Kleiner Markt), 66687 Wadern
📞 06871/507-183

🌐 www.stadtmuseum-wadern.de
Öffnungszeiten: Do und So 13.00–18.00 Uhr, Gruppenführungen sind möglich

## Freizeit und Natur

▸**Wandern und Rad fahren**
Bedingt durch seine Lage im Naturpark Saar-Hunsrück verfügt Wadern über viele Wanderwege durch Wälder, Felder, Wiesen und Bachauen. Neben den über-örtlichen Wanderwegen wie z.B. Saar-Hunsrück-Steig oder Saarland-Rundweg werden auch örtliche angeboten: Wadrill Tafeltour (17 km), Weg des Wassers (11 km), Almglück – Die kleine Almrunde (6 km), der „Himmels Gääs Paad" (7,5 km), Hochwald-Alm-Weg (17 km), Sagenhaftes

Löstertal (21 km), Noswendeler Bruchweg (17 km), Bardenbacher Felsweg (13 km) oder Schloss-Münchweiler- Weg (14,5 km). Ausführliche Informationen hierzu liefern eine Broschüre, die unter 🌐 www.wadern. de/wirtschaft-tourismus/wandern-im-naturpark heruntergeladen werden kann und 🌐 www.saar-hunsrueck-steig.de.

Radfahrern werden u. a. zwei zentrale Routen durch den Hochwald angeboten: der Saarland-Radweg und der Saar-Huns-rück-Radweg. Ergänzt wird das Saar-Tour-netz durch den Saar-Bostalsee-Radweg, der von Beckingen bis zum Bostalsee führt sowie die regionalen Rundradwege Nos-wendeler-See-Runde, 3-Seen-Runde und Hochwälder Runde.
Weitere Informationen unter
🌐 www.wadern.de/wirtschaft-tourismus/radfahren-im-naturpark

▸ **Noswendeler See**
Der Noswendeler See dient der Naherho-lung und der Freizeit. Der See umfasst 6,6 ha. Wandern ist ebenso möglich wie Tretboot fahren, Basketball spielen, Kneip-pen, Angeln und Minigolf spielen.
📞 06871/5244

▸ **Weitere Freizeitmöglichkeiten**
**Hallenbad:** Dora-Rau-Bad, Franz-Haas-Straße, 66687 Wadern, 🌐 06871/507-490
**Freibad:** Nordring, 66687 Wadern,
📞 06871/507-491
**Golfpark** Weiherhof Nunkirchen:
📞 06874/1351 und
🌐 www.golfpark-weiherhof.info
**Reiten:** 🌐 www.wadern.de/
wirtschaft-tourismus/
freizeiteinrichtungen/reitsportanlagen

**Indoor-Kletterwand:** 📞 06871/9209418
**Skate-Anlage:** am Freibad, ganzjährig ge-öffnet, 📞 06871/8377

▸ **Besondere Veranstaltungen und Feste**
**Waderner Marktsommer:** Konzertreihe auf dem Marktplatz von Juni bis August
**Waderner Buchwoche** im September
**Kartoffeltage Saar-Hunsrück** im Septem-ber
**Wildwochen** Saar-Hunsrück im November

# Wadgassen

## (Kreis Saarlouis)

Funde belegen, dass das Gebiet des heutigen Wadgassen schon während der Steinzeit besiedelt war. Nach der Völker-wanderung befand sich hier ein fränki-scher Königshof. 902 findet Wadgassen erstmals urkundliche Erwähnung. 1135 wurde ein Kloster gegründet, das bis zur Französischen Revolution bestand. Auf dessen Ruinen bauten die Unternehmer-familien Villeroy, Boch und Karcher 1843 die Cristallerie Wadgassen, in der bis in die 1980er-Jahre Glas produziert wurde. Die Gemeinde Wadgassen besteht heute aus sechs Ortsteilen mit rund 18 000 Ein-wohnern.

**Gemeinde Wadgassen**
**Lindenstr. 114**
**66787 Wadgassen**
📞 06834/944130
🌐 **www.wadgassen.de**

## Sehenswertes

### ▸ Abteihof Wadgassen

Der „Abteihof Wadgassen" war das Herzstück der Wirtschaftsgebäude der Prämonstratenserabtei Wadgassen. Er war zeitweiliger Sitz einer Ordensprovinz, die von Oberlothringen über Süddeutschland bis zum Harz reichte. Ab Mitte der Neunzigerjahre wurde der Abteihof restauriert. Er gehört zu den wenigen erhaltenen Baudenkmälern aus den Wadgasser Abteitagen. Hier ist heute das Deutsche Zeitungsmuseum untergebracht.

*Hinter der Kirche von Differten wurde den Berg- und Hüttenarbeitern ein Denkmal gesetzt.*

### ▸ Differten

Im Ortsteil Differten kann man Denkmäler für den Bergbau und die Hüttenindustrie hinter der Kirche (Arbeiterskulpturen) und an der Bisttalhalle (Seilscheibe und Hüttenwalze) besichtigen.

### ▸ Hostenbach

Begrünte Schlackenhalden, in ihrer Art einzigartig im Dreiländereck Deutsch-

land/Frankreich/Luxemburg findet man im Ortsteil Hostenbach. Es handelt sich um Anpflanzungen auf Abraumhalden der früheren Stahlwerke Röchling-Burbach (jetzt „Saarstahl"). Diese Umweltschutz- und Landschaftsintegrationsmaßnahmen haben vielen Pflanzen- und Tierarten ihre Lebensräume zurückgegeben.

### ▸ Schaffhausen

Die Siedlung „Im Bungert", 1911/1912 von der Firma Röchling für Bergleute der Grube Hostenbach erbaut, blieb vor dem Verfall bewahrt und wurde in Annäherung an das ursprüngliche Aussehen wieder instandgesetzt.

*Die restaurierte ehemalige Bergleute-Siedlung „Im Bungert" hat sich in Schaffhausen zu einem Schmuckstück entwickelt.*

## Museen

### ▸ Deutsches Zeitungsmuseum

Es zeigt auf 500 m² Ausstellungsfläche die geschichtliche Entwicklung, Herstellung und Verbreitung von Zeitungen und weiteren Druckerzeugnissen. Darüber

*Im Deutschen Zeitungsmuseum erfährt man viel über die Entstehung, Herstellung und Verbreitung von Zeitungen.*

hinaus werden für Kinder Workshops zur Papierherstellung, Druckverfahren und Bindungen sowie Sonderausstellungen angeboten.

**Adresse:** Am Abteihof 1, 66787 Wadgassen
📞 06834/94239
Öffnungszeiten: Di–So 10.00–16.00 Uhr

## Freizeit und Natur

▶ **Wandern und Rad fahren**

Laub und Ähren begleiten den Wanderer auf dem 7,4 km langen Franziskusweg Friedrichweiler. Will heißen: Es geht durch Wälder und entlang von Feldern rund um Friedrichweiler. Er wird als „leicht begehbar" für die ganze Familie eingestuft.

Der Werbelner Geschichte-Weg führt 9 km rund um den Ortsteil Werbeln. Er führt an geschichtsträchtigen Stationen mit Informationstafeln vorbei.
Weitere Informationen unter
🌐 www.werbeln.de
Darüber hinaus ist bei der Gemeindeverwaltung eine Wanderkarte erhältlich.
Radfahrer benutzen gerne den 20 km langen Bisttal-Radweg von Wadgassen bis Überherrn und zurück und die 49 km lange Saarlouiser Runde (siehe Saarlouis).

▶ **Wildpark Differten**

Der 12 ha große Wildpark beherbergt Rot- und Damhirsche, Mufflons, Wildschweine, Hochlandrinder und Thüringer Waldziegen. Darüber hinaus befinden sich dort zwei große Gehege für Rotfüchse, eine Volierenanlage mit Greifvögeln und eine bewirtschaftete Wildparkhütte.

**Adresse:** Pater-Lorson-Straße, 66787 Wadgassen

📞 06834/697289

#### ▶ Schwimmbäder

Im Hallenbad stehen ein Schwimmerbecken und ein Nichtschwimmerbecken mit Schwalldusche und Massagedüsen zur Verfügung. Für Kinder gibt es ein eigenes Planschbecken mit Elefantenrutsche. Saunalandschaft, Whirlpool und ein Bistro sind ebenfalls vorhanden.

**Adresse:** Am Hallenbad 1, 66787 Differten

📞 06834/957637

Öffnungszeiten: Mo 12.30–22.00 Uhr, Di, Do, Fr 9.00–22.00 Uhr, Sa 9.00–20.00 Uhr, Mi, So 9.00–18.00 Uhr

Das Freibad „Parkbad" verfügt über das größte Naturwasserbecken im Saarland, ein Nichtschwimmerbecken, eine Breitwasserrutsche, einen Sprungturm, ein Planschbecken sowie Liegewiesen in Parkanlage, einen Biergarten, drei Beachvolleyball-Felder und eine Minigolfanlage.

**Adresse:** Lindenstr., 66787 Wadgassen

📞 06834/409513

# Wallerfangen

## (Kreis Saarlouis)

Die heutige Gemeinde Wallerfangen besteht aus zehn Ortsteilen mit rund 9500 Einwohnern und erstreckt sich von der Saar über den Saargau bis zur französischen Grenze. Fürstinnengräber, in denen goldene Hals- und Armringe gefunden wurden, belegen, dass die Gegend schon zur Keltenzeit besiedelt war. Die Römer hinterließen den Emilianusstollen. 908 wurde Wallerfangen erstmals urkundlich erwähnt. Im Laufe der Jahrhunderte wechselte mehrfach die Herrschaft zwischen Frankreich und Deutschland. 1791 wurde eine Steingutfabrik gegründet, aus der sich die keramischen Werke von Villeroy & Boch entwickelten. In Wallerfangen wurde auch der Farbstoff „Wallerfanger Blau" abgebaut.

**Gemeinde Wallerfangen Tourismus und Kultur Fabrikplatz 66798 Wallerfangen**
📞 **06831/6809-16**
🌐 **www.wallerfangen.de**

## Sehenswertes

#### ▶ Emilianusstollen St. Barbara

Er ist das einzige Zeugnis für den römischen Bergbau nördlich der Alpen. Hier wurde das Kupfermineral „Azurit" abgebaut, das als „Wallerfanger Bergblau" bis nach Italien bekannt wurde. Es wird vermutet, dass auch Dürer damit gemalt hat.

📞 06831/444488, Führungen nach Vereinbarung

*Der Emilanusstollen bei St. Barbara ist das einzige Zeugnis römischen Bergbaus nördlich der Alpen.*

### ▶ Sudelfels

Der Sudelfels war bereits den Kelten und Römern bekannt. Er befindet sich zwischen Ihn und Niedaltdorf. Die Grundmauern lassen auf einen Tempelbezirk schließen, der der Quellengöttin Sirona geweiht war. Der Sudelfels ist jederzeit frei zugänglich.

### ▶ Haus Saargau – Lothringer Bauernhaus

Es gehört zu den wenigen noch erhaltenen lothringischen Bauernhäusern im Saarland die zwischen dem 17. und 19. Jahrhundert entstanden sind. Sie vereinten Wohn- und Wirtschaftsteil, Mensch und Tier unter einem Dach. Heute enthält das Haus ein bäuerliches Museum mit Einrichtungsgegenständen und Möbelstücken aus dem 18. Jahrhundert. Dazu kommen die Scheu-ne und Stallungen mit Kamin-Taken- und Ofenplatten und den Bauerngarten mit Heilkräutern, Gewürzen und klassischen Bauerngartenpflanzen.

**Adresse:** Zum Scheidberg 11, 66798 Wallerfangen-Gisingen

Öffnungszeiten: Mo, Di, Mi 14.00–17.00 Uhr, Fr und So 10.00–12.00 Uhr

*Das Haus Saargau ist eines der wenigen noch erhaltenen lothringischen Bauernhäuser mit Wohn- und Wirtschaftsteil. Im Innern befindet sich heute ein Museum.*

### ▶ Leidingen/Leiding

Durch den Ortsteil Leidingen, französisch Leiding, verläuft auf der „Neutralen Straße/Rue de la Frontiere" die deutsch-französische Grenze, von der heute nichts mehr zu sehen ist. Der Ort besitzt zwei Kirchen, eine deutsche, die Pfarrkirche St. Remigius, und eine französische, Überbleibsel einer nicht sehr glücklichen Zeit. St. Remigius besitzt einen Zwiebelturm, untypisch für diese Gegend. Der untere Teil stammt von 1530, die Haube von 1742, als auch der Kirchensaal entstand.

*Das deutsch-französische Dorf Leidingen/Leiding mit der Pfarrkirche St. Remigius und dem für den Saargau untypischen Zwiebelturm.*

## Museen

▸ **Historisches Museum Wallerfangen**

Das Historische Museum beheimatet Exponate von der Besiedlung der Region in der Steinzeit bis hin zur Gegenwart der Gemeinde Wallerfangen und Wechsel-ausstellungen. Das Museum ist Teil des denkmalgeschützten Ensembles „Adolphs-höhe", das in der zweiten Hälfte des 19. Jahrhunderts entstand.

**Adresse:** Louisenstraße 3 (Adolphshöhe), 66798 Wallerfangen

📞 06831/6809-0

Öffnungszeiten: Fr–So 15.00–18.00 Uhr oder nach telefonischer Vereinbarung.

## Freizeit und Natur

▸ **Wandern und Rad fahren**

Drei besondere Wanderwege hat die Ge-meinde Wallerfangen ausgewiesen. Die Hirn-Gallenberg-Tour führt über den Saar-gau. Für die 7,5 km lange Strecke braucht man gutes Schuhwerk. „Der Gisinger" ist 12 km lang und erfordert schon eine gute Kondition und ebenfalls trittfeste Schuhe. Der 13,5 km lange Grenzblickweg führt vom französischen Heining-les-Bouzonville über Leidingen nach Ihn und zurück, meist entlang der deutsch-französischen Grenze. Radfahrern werden der Saar-Radweg und der Saarland-Radweg empfohlen, die auch über den Saargau führen.

▶**Freibad**

Das beheizte Freibad liegt in Waldnähe mit weiträumigen Liegewiesen und ausreichend Schattenflächen. Es verfügt über mehrere Becken, Wasserpilz, Aktionsgeräten, künstlichem Bach mit Matschbereich, Felder für Beachvolleyball, Basketball und Boule sowie einen Bolzplatz.

**Adresse:** Baulochstr. 102, 66789 Wallerfangen

📞 06831/60402

Öffnungszeiten: Di–Fr  7.00–19.00 Uhr, Sa–Mo 9.00–19.00 Uhr (in den Sommerferien bis 20 Uhr)

▶**Weitere Angebote**

Tennis, Golf, Flugplatz Düren mit Rundflugmöglichkeiten

▶**Besondere Veranstaltungen und Feste**

Keramikflohmarkt auf der Adolphshöhe am ersten Sonntag im Juli

# Weiskirchen

**(Kreis Merzig-Wadern)**

Funde lassen darauf schließen, dass das Gebiet um Weiskirchen bereits während der jüngeren Steinzeit besiedelt war. Urkundlich erstmals erwähnt wurde der Ort 1030. Die heutige Gemeinde Weiskirchen besteht aus sechs Ortsteilen mit rund 6500 Einwohnern. Sie wurde erst 1946 an das Saarland angeschlossen und liegt im Hunsrückvorland, im sogenannten „Schwarzwälder Hochwald". Weiskirchen ist heilklimatischer Kurort der Premium Class und Kneipp-Kurort.

**Hochwald-Touristik-Weiskirchen**
**Haus des Gastes**
**Trierer Str. 21**
**66709 Weiskirchen**
📞 **06876/70937**
🌐 **www.weiskirchen.de**

## Sehenswertes

▶**Kurpark mit Staudengarten**

Der  Kurpark ist das Herzstück von Weiskirchen. Der Kurparksee wird durch das frische Wasser aus dem Holzbach gespeist. Zum Kurparkweg gehören ein überdachter Steg und ein Wandelgang. Er führt vom Freibad durch das Holzbachtal, vorbei am Valentinsweg bis nach Thailen. Im Park ist ein Staudengarten mit 10 000 Pflanzen aus 350 verschiedenen Baum-, Strauch- und Staudenarten im Stile der englischen „Borders" angelegt. Der Staudengarten ist Teil des Projektes „Gärten ohne Grenzen". Der Kurpark bietet viele Freizeitmöglichkeiten: Kinderspielplatz, Multifunktionsfeld, Minigolfanlage mit Freischachanlage und Boule-Bahn sowie zwei Beachvolleyball-Anlagen.

## Museen

▶**Museum für Mechanische Musik**

Im Museum für Mechanische Musik und Kuriosa sind Puppenautomaten, Drehorgeln, Polyphone, Walzenspieldosen, elektrisches Klavier und Orchestrion ausgestellt.

**Adresse:** Trierer Str. 6, 66709 Weiskirchen

Telefon: 06876/7520

*Der Kurpark in Weiskirchen ist das Herzstück der Gemeinde.*

⊕ www.mechanischer-musiksalon.de
Öffnungszeiten: Mi und So 15.00–18.00
Uhr mit Führung

## Freizeit und Natur

### ▶ Wandern und Rad fahren

Die Gemeinde Weiskirchen verfügt über
140 km markierte und gut ausgebaute
Spazier- und Wanderwege. Sie sind mit
Nummern von 1 bis 13 ausgeschildert. Fünf
weitere Strecken zwischen 9,4 und 12,9 km
sind als heilklimatische Wanderwege
ausgewiesen. Als Premiumwanderwege
gelten der Zwei-Täler-Weg (13 km), der
Hochwald-Pfad (12 km), der Wildnis-Trail
(17,5 km) und der Georgi-Panorama-Weg
(13 km). Darüber hinaus ist Weiskirchen an
den Saar-Hunsrück-Steg angebunden.
Nordic Walkern werden fünf Strecken angeboten.

Ausführliche Beschreibung mit Karte zum
Herunterladen unter
⊕ www.weiskirchen.de/tourismus/
aktiv-erleben/wandern

Radfahrer können zwischen der Erlebnis-
tour (20 km), Romantikroute (10 km), Heil-
klima-Familientour (17 km) und der Tour
„Grenzerfahrung" (17 km) wählen.
Ausführliche Beschreibung mit Karte zum
Herunterladen unter ⊕ www.weiskirchen.de/
tourismus/aktiv-erleben/radfahren

### ▶ Wild- und Wanderpark Rappweiler

Im gemeindeeigenen Wild- und Wander-
park können Rot- und Damwild, Nasenbä-
ren, Auerochsen, Wisente, Ziegen und viele
andere Haus- und Wildtierarten beobachtet werden. Der Park ist an den Zwei-
Täler-Weg und den Saar-Hunsrück-Steg
angebunden und bietet auch im Winter

*Im Wildpark sind die Rückzüchtungen zum Urrind zu sehen.*

*Es lohnt sich, im Wildpark dem Wildkatzen-Erlebnispfad zu folgen.*

Möglichkeiten zum Wandern, Rodeln und Skilanglaufen.
Öffnungszeiten: täglich bei freiem Eintritt von 9 Uhr bis eine Stunde vor Sonnenuntergang

▸ **Vitalis Weiskirchen**
Das Bäderzentrum Vitalis verfügt über ein 25 m langes Sportbecken. Erholungs- und Massebecken mit 32,5°C warmen Wasser, eine Saunalandschaft mit finnischer Sauna, Dampfbad, Infrarotkabine und eine Relax- und Specksteinsauna im Außenbereich. Abkühlung im Kalttauchbecken. Einmal im Monat finden auch spezielle Eventsaunen statt. Kindern steht ein eigener Bereich mit Elefantenrutsche und Wasser spuckendem Seehund zur Verfügung. Auch Kinderschwimmkurse sowie Aqua-Fitness-Kurse für Erwachsene werden angeboten. Auf den Sonnenbänken und Liegewiesen lässt es sich vortrefflich entspannen.
**Adresse:** Kurparkstraße 2, 66709 Weiskirchen 📞 06876/919561
🌐 www.vitalis-weiskirchen.de
Öffnungszeiten: Mo–Fr 7.00–22.00 Uhr,

Sa, So und an Feiertagen 7.00– 21.00 Uhr

▸ **Weitere Angebote**
**Waldseilgarten:** 📞 0176/42022478 oder
🌐 www.highlive.org
**Natur- und Waldfreibad:**
📞 0173/6995760 oder
🌐 www.naturfreibad-weiskirchen.de
**Kneippen:** Holzbachtal, Hochwald-Kliniken, Valentinsweg, Thailen und Rappweiler-Zwalbach
**Reiten:** Eichenlaubhof und Hof Ruwerbach bei Weierweiler
**Angeln:** Rappweiler-Zwalbach, 📞 0170/9602067 oder
🌐 www.asv-rappweiler-zwalbach.com
**Tennis:** Tennisanlage Weiskirchen, Im Hänfert 39 , 📞 06876/791764

▸ **Besondere Veranstaltungen und Feste**
Im Sommer Malersymposium, Jazztage.
Im Herbst Hubertusritt und Kartoffelfeuer.

# Stichwortverzeichnis

## Natur und Landschaft

### ▶ Höhlen

### ▶ Naherholungsgebiete

### ▶ Naturdenkmäler

### ▶ Naturschutzgebiete

### ▶ Parkanlagen und Gärten

### ▶ Seen, Weiher, Häfen und Talsperren

### ▶ Tier- und Wildparks, -gehege

## Freizeit

### ▶ Angeln

### ▶ Bahnfahrten

## Veranstaltungen

## Veranstaltungen und Feste